本书获得内蒙古自治区自然科学基金项目（项目
2022年教育部人文社会科学研究规划基金项目"政府环
基于市场竞争协同的视角"的资助

经济管理学术文库·经济类

环境规制、企业投资行为选择与经济效应

Environmental Regulation, Corporate Investment Behavior Selection and Economic Effect

汪海凤／著

经济管理出版社
ECONOMY & MANAGEMENT PUBLISHING HOUSE

图书在版编目（CIP）数据

环境规制、企业投资行为选择与经济效应/汪海凤著.—北京：经济管理出版社，2022.7

ISBN 978-7-5096-8562-4

Ⅰ.①环… Ⅱ.①汪… Ⅲ.①环境规划—影响—企业—投资行为—研究—中国 Ⅳ.①F279.23

中国版本图书馆 CIP 数据核字（2022）第 118168 号

组稿编辑：杨　雪
责任编辑：杨　雪
助理编辑：王　慧
责任印制：黄章平
责任校对：董杉珊

出版发行：经济管理出版社
　　　　　（北京市海淀区北蜂窝 8 号中雅大厦 A 座 11 层　100038）
网　　址：www.E-mp.com.cn
电　　话：（010）51915602
印　　刷：北京晨旭印刷厂
经　　销：新华书店
开　　本：720mm×1000mm/16
印　　张：11.25
字　　数：200 千字
版　　次：2022 年 9 月第 1 版　　2022 年 9 月第 1 次印刷
书　　号：ISBN 978-7-5096-8562-4
定　　价：68.00 元

前　言

　　当前，环境问题越来越受到世界各国的关注。改革开放以来，中国经济持续快速增长，经济实力大幅增强，与此同时，生态环境压力也持续增加，环境污染问题日益严重。于是，政府采取了一系列措施进行环境规制，以实现绿色发展。随着环境规制强度不断增加，我们不禁要问，环境规制在改善环境的同时，其经济效应如何？环境规制是否会影响企业未来发展进而影响整个经济增长和产业结构调整？为回答上述问题，本书以企业投资行为选择为微观视角，从理论和实证两方面加以研究。因为企业投资行为既是环境规制经济效应产生的重要途径，也是其重要的微观表现。

　　鉴于中国各个地区的环境规制水平存在较大差异，本书从中国环境规制的现实出发，在环境规制理论、企业投资理论、信息不对称理论等理论基础上，从企业投资行为选择的结果角度分别对环境规制的投资规模效应、投资结构效应进行机理分析。基于异质性探讨效应的差异来源，以工业上市公司作为代表进行多维实证检验。

　　本书的研究结果表明，环境规制对企业投资行为选择存在多路径、多效应的系统性影响。首先，从理论上，在环境规制的企业投资规模效应方面，本书构建了包括成本效应、创新补偿效应、区位选择效应、市场势力效应、不确定性效应以及利益相关方效应在内的效应传导模型，不过它们的综合效应尚不确定。在环境规制的企业投资结构效应方面，由于在环境规制之下，企业可能采取技术创新和多元化经营的积极策略，或者在不确定性影响下为追逐短期利润最大化而进行消极应对，从而使得企业投资方向结构中外部投资的比重增加更加明显。其次，从实证检验结果上，环境规制促进了中国工业上市公司投资规模的扩大，其中，市场势力效应发挥了重要的中介作用。环境规制也促进了工业上市公司的外部投资行为，同时还促使工业上市公司更加积极地采取技术研发投资和长期股权投资行为。

此外，进一步的研究表明，环境规制异质性、行业异质性、企业规模异质性的存在，使得环境规制的企业投资行为效应呈现出差异性。在环境规制的异质性方面，立法管制型环境规制虽然对企业投资规模的促进作用最为显著，但其对外部投资行为的促进作用也更加明显；执法管制型环境规制对企业投资规模也产生了较大的促进作用，但对外部投资行为产生了一定的抑制作用。在行业异质性方面，在环境规制水平高的地区，较高污染密集度行业中的企业投资规模会受到一定抑制，但外部投资的比重会有所提高，从而在一定程度上有利于中国产业结构的优化。在企业规模的异质性方面，由于在法律规定、规制执行、遵从成本、违规损失等方面的非对称性，环境规制对中小企业投资规模和外部投资行为的促进作用均更为明显。

综上所述，本书认为，提高环境规制强度不仅能够保护生态环境，而且能够产生经济效应，特别是对企业投资规模和结构产生显著影响，促进企业投资规模扩大，倒逼产业结构优化。同时，企业投资行为的外部化偏向也在增强，且不同产权性质和规模的企业所受影响有所不同。因此，未来应进一步完善环境规制政策，制定差异化的环境规制内容，注重环境规制工具的选择与运用，同时辅以相应的科技政策支持，引导企业和公众提高环保意识。

本书是在我的博士论文的基础上进一步完善完成的，在此，衷心感谢我的导师——南开大学经济与社会发展研究院白雪洁教授，感谢白教授在我读博期间以及毕业以后给予我的全面指导。本书的出版得到了内蒙古科技大学经济与管理学院、内蒙古自治区自然科学基金项目（项目编号：2021MS07017）以及2022年教育部人文社会科学研究规划基金项目（项目名称：政府环境规制与企业绿色投资决策：基于市场竞争协同的视角）的支持，在本书的写作和完善过程中，得到了诸多师长、家人和朋友的帮助，在此一并表示诚挚的谢意！

汪海凤

2021 年 10 月

目　录

第一章 绪论

环境保护日益成为全世界普遍关注的热点问题，各个国家和地区逐渐认识到通过一定的环境规制来保护地区、国家乃至全球环境，改善环境质量的重要意义。不过，环境规制在提高环境绩效的同时，其经济效应如何？这也是不容忽视的问题。从企业微观角度出发，研究环境规制对企业投资行为选择的影响效应，对于中国在经济高质量发展阶段转变发展方式、优化经济结构具有重要的意义。

第一节 研究背景与研究意义

一、研究背景

20 世纪 70 年代以后，在全世界范围内，环境污染问题频发，各国越来越重视环境保护。中国也开始加大环境规制力度。

（一）中国经济取得辉煌成就的同时面临的环境压力也日益增大

改革开放以来，中国经济持续快速增长，创造了令世界瞩目的增长奇迹。2010 年，中国 GDP 总量首次超过日本，跃居全球第二大经济体。2020 年，中国 GDP 总量突破 100 万亿元。在经济取得辉煌成就的同时，中国的生态环境压力持续增大，各种环境问题随之而来。比如：全球变暖问题、臭氧层破坏问题、固体垃圾处理问题、太湖蓝藻问题、雾霾天气问题等。这些环境问题极大地影响了人们的身体健康和经济的可持续发展。以人均二氧化碳排放量为例，1990年，中国人均二氧化碳排放量为2.2吨，低于当时的世界平均水平4.2吨，然而，2018年，中国人均二氧化碳排放量达到7.4吨，远高于当时的世界平均水平4.5吨。[①] 另外，世界经济论坛等联合发布的《2020年全球环境绩效指数（EPI）报告》显示，中国在全球180个参与的国家和地区中以37.3分的得分仅排第120位，排名持续偏后。[②] 可以看出，中国的环境保护工作任重道远。

（二）中国采取了一系列的环境保护措施致力于环境保护与可持续发展

早在1973年，中国就召开了第一次全国环境保护会议，提出了环境保护的理念。20世纪90年代，中国明确提出实施可持续发展战略。21世纪以来，中国更是将环境保护与可持续发展提升到前所未有的高度。2003年10月，胡锦涛同志在党的十六届三中全会明确提出，要"树立和落实全面发展、协调发展和可持续发展的科学发展观"。随后，2006年，"十一五"规划进一步明确要"全面贯彻落实科学发展观"，要"加快建设资源节约型、环境友好型社会"。2011年，"十二五"规划指出要"深入贯彻节约资源和保护环境基本国策"，以及"促进经济社会发展与人口资源环境相协调，走可持续发展之路"。2012年召开的党的十八大，明确提出"大力推进生态文明建设"，着力推进"绿色发展、循环发展、低碳发展"。2016年，"十三五"规划提出，未来要贯彻落实包括"绿色发展"在内的新发展理念，"加大环境综合治理力度"，坚持"可持续发展"，"形成人与自然和谐发展的现代化建设新格局，推进美丽中国建设"。2017年召开的党的十九大又进一步指出，中国特色社会主义事业的总体布局是包括生态文明建设在内的"五位一体"，要着力推进绿色发展。此外，2021年3月，"十四五"规划也明确，未来要"坚持绿水青山就是金山银山理念"，继续"推动绿色发展"，强调要"降低碳排放强度"，"制定2030年前碳排放达峰行动方案"。由此可见，中国对环境保护的重视程度。

目前，中国已经形成较为完整的环境管理政策体系，其中包括"预防为主，

---

① 世界银行WDI数据库［EB/OL］. https：//databank. worldbank. org/source/world-development-indicators/preview/on.

② 郝春旭等. 2020年全球环境绩效指数报告分析［J］. 环境保护，2020，48（16）：68-72.

防治结合""谁污染，谁治理""强化环境管理"三大基本政策，以及"环境影响评价""三同时""排污收费""环境保护目标责任制""城市环境综合整治定量考核""排污许可证""限期治理""污染集中控制"等制度。

（三）转变经济发展方式与优化经济结构是中国面临的长期任务

改革开放以来，中国创造的"增长奇迹"虽主要源于各种红利的释放，如制度红利、人口红利、外资外贸红利等，但也在一定程度上依赖于高能耗、高排放的粗放型经济增长模式，而这种牺牲环境质量的增长模式显然是不可持续的。党的十九大明确提出，中国经济已由高速增长阶段转向高质量发展阶段，正处在"转变发展方式、优化经济结构、转换增长动力"的攻关期。在这种情况下，必须坚持经济发展的质量第一、效益优先。中国能否转变现有经济发展方式，是关系到中国能否实现高质量发展的关键。经济结构和产业结构的调整和优化则是加快经济发展方式转变的重要途径、根本出路和主攻方向。通过经济结构和产业结构的优化，可以实现产业的协调、融合发展，推动经济发展由要素驱动和投资驱动转向创新驱动，促进经济发展向绿色低碳、清洁安全的模式转变。因此，在经济高质量发展阶段，加快转变经济发展方式、优化经济结构是我国当前乃至未来一段时期的重要任务。

（四）环境规制对经济增长而言是一把"双刃剑"

随着环境污染问题的日趋严峻，中国顺应国际潮流，借助于一系列的环境规制政策，力求减少经济发展中所伴随的环境破坏，希望达到环境保护与经济协调发展的"双赢"目标。国内外许多学者的研究均已表明，环境规制不仅能提高环境绩效，达到保护环境的目的，同时也会对经济增长产生影响，不过，这种影响是一把"双刃剑"。一方面，根据传统理论，环境规制会增加企业遵从成本，从而使企业处于成本劣势，不利于其竞争优势的取得，进而对经济增长产生负面影响。另外，环境问题的日益严重，造成投资环境的恶化，加之环境规制后的成本上升导致外商投资的热度降低，甚至出现外资逃离现象，这将会对经济增长产生不利影响。另一方面，"波特假说"则指出，从动态的角度考虑，灵活设计的环境规制能够为企业提供创新激励，促进清洁技术的研发和资源利用效率的提高，最终能够促使企业取得竞争优势（Porter，1991；Porter and Linde，1995）。

从这个角度讲，通过环境规制实现环境保护的同时，还可能对经济增长产生正向影响。在环境规制压力之下，企业将更有动力进行产品和工艺创新，努力节约资源，推动经济循环发展，促进经济发展方式向集约型转变。总之，环境规制对经济增长的影响既有积极的一面，也有消极的一面。

二、研究意义

本书以环境规制对企业投资行为选择影响的多重机理分析为基础，以中国工业上市公司为研究对象，从企业投资行为选择的结果——企业投资规模和结构角度，借助于计量经济学模型对环境规制的经济效应进行了实证检验，并提出改进中国环境规制政策、实现经济与环境协调发展的政策建议。无论从理论层面还是现实层面，本书的研究均具有重要意义。

（一）理论意义

从理论意义上讲，本书基于中国环境规制和企业投资的现实情况，构建环境规制影响企业投资行为的理论分析框架，这对已有的关于环境规制经济效应的理论研究是一个补充，而且有助于进一步拓展企业投资行为的研究视角。

克拉克（Clark）于1917年提出的"加速器"投资理论是最早的企业投资理论，认为企业投资是其产出或收入变动的函数。后来，新古典企业投资理论包括MM理论、Jorgenson投资理论以及Tobin's Q理论，将企业投资理论向前推进了一大步。基于新古典经济学的分析范式，以确定性和信息完全为分析前提，构建了企业投资的"净现值原则"。而后，随着公司金融学的发展以及企业投资实务中存在的不确定性、投资不可逆性、信息不对称等问题，现代企业投资理论——实物期权理论、信息不对称和代理冲突视角下的企业投资理论逐渐兴起并不断发展起来。然而，从目前的研究现状来看，关于环境规制与企业投资行为关系的相关研究缺乏系统性，也鲜有文献针对中国的实际情况，从企业投资规模和结构角度考察环境规制的经济效应。投资对于企业而言具有重要意义，投资是企业生存与发展的前提条件，企业只有通过投资才能形成生产能力，从而在未来取得经济效益和社会效益。所以，本书以宏微观经济学、环境经济学、规制经济学、公司金融学的相关理论为基础，从中国的现实情况出发，就环境规制影响企业投资行为选择及其结果的机理进行全面、深入的研究。环境规制会产生经济效应，企业是效应的产生主体，而企业投资行为又是效应产生的重要途径和微观体现。因此，本书细化从环境规制到经济效应的微观作用机理，构建起相对完善的环境规制影响企业投资行为的理论分析框架，拓展企业投资行为的研究视角，丰富和补充环境规制经济效应的相关研究。

（二）现实意义

第一，本书为中国在经济高质量发展阶段转变发展方式提供了新的研究视角。《中共中央关于制定国民经济和社会发展第十四个五年规划和二〇三五年远景目标的建议》中指出，"十四五"时期，中国的经济社会发展必须"坚持新发展理念"，"切实转变发展方式"，推动经济发展实现"质量变革、效率变革、动力变革"。在经济高质量发展阶段，解决制约经济发展的重大结构性问题是实现发展方式切实转变的一个主攻方向。其中，投资结构变动是决定产业结构调整的关键因素，而产业结构调整又是协调经济发展与环境保护、提高发展质量和效益的重要路径。企业作为微观投资主体，其投资规模特别是结构变动更是中国投资结构调整与优化的基础，代表了企业未来产能的变动方向。因此，想要考察环境规制的经济效应，特别是对产业结构和经济结构升级以及发展方式转变的效果，企业投资行为是一个很好的微观视角。

第二，本书的研究为中国地区产业结构优化和升级提供了政策启示。中国当前的产业结构调整主要依赖于产业政策的引导，如主导产业选择政策、战略产业扶持政策、衰退产业调整政策等，而这些政策基本都是外部导向的，企业则相对缺乏结构调整的内在激励。首先，环境规制与产业政策不同，政府出于环境保护的目的，直接对企业的某些经济行为施加限制，往往会增加企业的成本，从而为追求利润最大化的企业提供内在激励，促使其采取调整生产、技术创新、投资区位转移等行为，这更加有助于实现地区产业结构调整与优化。其次，本书从行业层面出发，将行业异质性置于环境规制与企业投资行为关系的研究当中，并引入地区环境规制与行业污染密集度的交互项对环境规制下的企业投资规模和结构效应进行实证考察，试图发现环境规制对企业投资行为影响的行业差异性，探究是否存在环境规制促进地区产业结构优化的倒逼机制，这将为中国地区产业结构优化政策工具的选择提供新的思路。

第三，本书的研究为中国环境规制的政策制定提供了有力的经验支持。目前，中国的环境规制强度呈增加态势，在一定程度上对企业发展带来了挑战，如何选择恰当的环境规制政策工具，构建环境保护与企业发展的协调机制，制定实现环境保护与企业发展双赢的环境规制政策，是政府面对的重要问题。基于此，本书从企业投资行为选择的微观视角，重点探讨环境规制对企业投资规模和投资结构的影响，阐释其中的作用机理及影响效应的方向和大小，并基于环境规制、行业以及企业规模的异质性考察环境规制的企业投资行为效应的差异来源。这些将为中国设计环境规制强度、工具和政策内容，实现经济与环境的协调发展提供决策参考。

第二节　相关概念界定

本书的研究将环境规制和企业投资的概念及其分类作为基本出发点，所以本节将分别从这两个方面对相关概念进行界定。

一、环境规制的概念界定

按照植草益（1992）的划分，规制可以分为间接规制与直接规制两大类。其中，间接规制是以制约不公平竞争为目的的规制，直接规制则是以防止发生与自然垄断、负外部性、信息不对称及非价值物品等有关的市场结果为目的的规制。直接规制又可以分为经济性规制与社会性规制两类。经济性规制主要处理自然垄断问题，如政府对企业在价格、产量、进入和退出等方面的限制；社会性规制则处理负外部性、信息不对称及非价值物品问题，如保护劳动者和消费者健康与安全、产品安全、环境保护以及教育、文化等。很显然，环境规制属于社会性规制的范畴，它主要是指"由于环境污染具有负外部性，政府通过制定相应的政策与措施，对企业的经济活动进行调节，以达到保持环境和经济发展相协调的目标"（张红凤等，2012）。

从环境规制的分类来看，按照巴利·C. 菲尔德和玛莎·K. 菲尔德（2010）的划分，环境规制可以分为命令与控制型环境规制、激励型环境规制以及自愿型环境规制。其中，命令与控制型环境规制主要借助于政府相关部门制定的各种环境法律、法规、政策等，规制工具主要包括周边环境标准、排放标准、技术标准等；激励型环境规制则主要借助于排污费和补贴、可转让排污许可证等；自愿型环境规制则是企业在没有任何正式的法律义务的要求下，基于道义劝告或者社团压力而自愿采取的污染控制行为。此外，Böcher（2012）提到另外一种划分方法，将环境规制分为信息型（或说服型）、合作型、经济型、管制型四个类型。其中，信息型（或说服型）环境规制是指通过向公众或企业传递信息来影响其行为，如设置生态标签传达企业环保水平与能力信息；合作型环境规制是指借助于企业之间或者企业与政府之间的协商合作机制促使企业采取自愿型措施，如以市场为导向的森林认证便是一种典型的自愿型规制，企业可以在完全自愿的基础上向第三方认证机构提出认证申请，以向市场传递关于林产品的标签和产销监管链的信息；经济型环境规制是指使用经济手段来影响企业行为，如征收排污费、生态税、可再生能源补贴等；管制型环境规制则是政府利用基于"命令与控制"原则的、较大程度的直接行政控制方法来影响企业行为。可以看出，上述两种分类方法有重合交叉的地方。因此，本书将基于这两种分类方法，在理论和实证分析中将环境规制分为三种类型来考察，分别是：立法管制型环境规制、执法管制型环境规制以及经济型（激励型）环境规制。

二、企业投资的概念界定

一般来说，企业投资是企业为了获得可能但不确定的未来回报而投入经济资源的行为。本书借鉴 Dowrie 和 Fuller 对广义投资的定义，认为企业投资是指"以获利为目的的资本使用，既包括购买股票和债券，也包括运用资金以建筑厂房、购置设备、原材料等从事扩大生产流通事业"。

按照投资方向的不同，企业投资可以分为内部投资和外部投资。其中，内部投资是指企业将资金投放到企业内部以形成各种流动资产、固定资产、无形资产等的投资行为。内部投资大多是为了提高企业自身的生产经营实力和竞争能力。

而外部投资则是指企业对其他经济实体的投资，包括购买各类金融资产和长期股权投资（潘越等，2009）。一般来说，外部投资大部分不受企业自身所控制，不确定性较大，企业进行外部投资的主要目的往往是提高盈利能力。需要指出的是，在本书中，各类金融资产主要包括交易性金融资产、持有至到期投资和可供出售金融资产。

第三节　研究思路与研究内容

本书从企业投资行为选择的微观视角出发，对环境规制的经济效应进行理论和实证研究，其思路遵循"发现问题—分析问题（机理模型和实证检验）—解决问题（政策建议）"。

一、研究思路

本书基于环境规制、企业投资、信息不对称和委托代理等理论，尝试性地从企业投资行为选择的角度对环境规制的经济效应进行研究。首先，在梳理相关研究文献的基础上，寻找出现有研究的不足点，确定本书的研究主线、思路与内容。本书之所以选取企业投资行为来探讨环境规制的经济效应，是因为环境规制的直接作用对象是企业，企业投资行为的差异直接影响经济效应，是经济效应的重要微观体现。在理论分析部分，本书重点阐述环境规制对企业投资行为选择及其结果——投资规模和投资结构影响效应的作用机理，运用演绎、推理、归纳等理论分析方法刻画其中的效应传导，为全书的研究奠定理论基础。其次，本书以中国工业上市公司作为研究对象，从企业投资规模和投资结构两个角度实证考察中国环境规制的企业投资行为效应，并试图验证其中的作用机理和相关传导效应。最后，基于上述理论和实证分析的结果，结合中国环境规制政策的现状，提出优化中国环境规制政策、实现经济与环境协调发展的政策建议。本书按照"绪论—研究现状—理论分析—实证检验—现实改进"的逻辑思路展开研究。基本研究思路设计如图1-1所示。

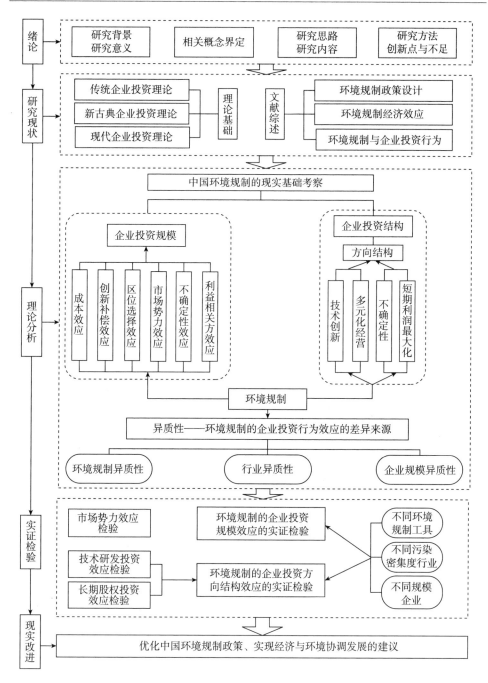

图 1-1　本书的研究思路设计

二、研究内容

本书各章节的内容安排与逻辑关系具体如下：

第一章为绪论。概括本书的研究背景与理论、研究意义、研究思路与研究内容、研究方法、相对于其他研究的创新点与不足之处，并对本书相关的概念进行界定。

第二章为理论基础与文献综述。首先，本章总结了企业投资行为的相关理论，作为全书的理论基础。其次，围绕本书的研究主题，作者从环境规制政策设计、环境规制经济效应、环境规制与企业投资行为三个方面对国内外现有研究文献进行了梳理。最后，进行简要评述，指出现有研究文献对本书的重要启示，为后面的理论和实证分析提供文献支撑。

第三章为环境规制影响企业投资行为的理论模型。本章是全书的理论核心。在考察中国环境规制的现实基础后，首先，从成本效应、创新补偿效应、区位选择效应、市场势力效应、不确定性效应和利益相关方效应角度对环境规制的企业投资规模效应进行机理阐释。其次，本书构建了环境规制的企业投资方向结构效应的机理模型，并基于环境规制、行业和企业规模的异质性分别阐述了环境规制的企业投资行为效应的差异来源。这为后面的实证分析奠定了理论基础。

第四章为环境规制的企业投资规模效应的实证检验。第一节从计量模型设定、变量选择与说明、样本选取与数据来源、内生性及其他相关问题的处理四个方面详细阐述了本章的实证分析框架。第二节则分别对环境规制影响企业投资规模的总效应以及不同环境规制工具、不同污染密集度行业和不同规模企业中影响的差异性进行分析，并通过调整估计方法和企业投资规模指标进行稳健性检验。第三节则尝试性地从市场势力效应角度对其传导效应进行验证。

第五章为环境规制的企业投资方向结构效应的实证检验。第一节给出理论假设；第二节从计量模型的设定、变量与数据说明、估计方法说明及内生性问题的处理三个方面描述本章的实证研究框架；第三节则就环境规制影响企业投资方向结构的总效应及其差异性进行系统分析，并对环境规制是否促使企业采取积极的策略进行了实证检验。

第六章为研究结论与政策建议。首先，对本书的主要研究结论进行总结阐述。其次，针对中国现行环境规制政策的优化以及环境规制对企业投资行为影响的改善提出一些可供参考的政策建议。最后，对后续研究做出展望。

第四节　研究方法、创新点与不足

针对本书研究的主要内容，本节将对本书所采用的研究方法、创新点以及存在的研究不足进行阐述。

一、研究方法

本书的研究涉及宏微观经济学、环境经济学、规制经济学、公司金融学等多个领域，多领域的交叉以及宏微观层面相结合的方法使本书的研究更加深入而具体。本书将规范研究与实证研究相结合，重点采取了文献研究、系统分析、归纳与演绎、计量分析、比较分析等方法。

（一）文献研究法

本书以环境规制和企业投资行为为核心，从企业投资的理论进展、环境规制政策设计、环境规制经济效应（竞争力效应、FDI效应、产业结构调整效应等）以及环境规制与企业投资行为等视角梳理归纳了与本书研究相关的文献成果，指出了现有研究的特点和不足，既为本书进一步挖掘了研究思路，也为环境规制的企业投资行为效应的理论研究奠定了基础。

（二）系统分析法

环境规制对企业投资行为选择存在多路径、多效应的系统性影响，两者之间不是一种简单的作用关系，也不是明确的确定性关系。因此，对于这种影响的理论分析适合运用系统分析法，这样能够更加全面透彻地对环境规制的企业投资行为效应进行系统阐释，得出的结论也更有说服力。

（三）归纳与演绎法

为构建环境规制影响企业投资行为的理论模型，本书采用归纳与演绎的方法，从中国环境规制的实际情况出发，找出其变化特征，作为理论分析的现实出发点，并依据一般性的企业投资理论、环境规制理论以及市场结构理论等，推导出环境规制影响企业投资行为的各种效应和机制，并基于异质性因素阐释其中的影响差异性。

（四）计量分析法

本书将地区、行业和企业层面的年度数据相结合，在控制其他影响因素的基础上，从投资规模和投资结构两个视角，采用计量分析方法对中国环境规制的企业投资行为效应进行了实证检验，既考虑到不同地区、不同行业的差异性，也考虑到不同时期的特征变化。在计量分析过程中，不仅采用了地区特征与行业特征交互的分析方法，还选取工具变量法克服模型中可能存在的内生性问题。此外，本书还采取调整估计方法以及更换指标的方式对实证分析结果进行了稳健性检验。

（五）比较分析法

在对环境规制的企业投资行为效应及其作用机理进行分析时，由于环境规制本身以及行业、企业规模异质性的存在，环境规制的企业投资行为效应可能会呈现出一定的差异性。因此，在实证研究中，本书分别给出了不同环境规制工具对企业投资规模和结构的影响效应，以及在不同污染密集度行业和不同规模的企业中，环境规制对其投资规模和结构的影响效应，并进行了比较分析。

二、本书的创新点

本书在国内外现有相关研究的基础上，基于中国的现实情况，从环境规制作用于企业投资行为，影响企业投资行为选择及其结果的角度对环境规制的经济效应进行深入研究。相较于现有研究，本书在以下三个方面体现了研究的创新性：

第一，构建环境规制影响企业投资规模的效应传导模型。本书基于新古典企业投资理论、实物期权理论、信息不对称以及代理冲突下的企业投资理论、市场结构理论等，试图从成本效应、创新补偿效应、区位选择效应、市场势力效应、不确定性效应以及利益相关方效应等方面构建起相对完善的环境规制影响企业投资规模的理论分析框架，对其作用机理进行逻辑推演，相对其他研究而言，更具系统性、全面性。

第二，构建环境规制影响企业投资的方向结构模型。基于实物期权、信息不对称、委托代理等相关理论，本书从技术创新和多元化经营的积极策略选择以及受不确定性影响和追逐短期利润最大化而进行消极应对两方面，对环境规制的企业投资方向结构效应进行了机理分析，认为环境规制将促使企业投资结构的外部化偏向增强。目前，鲜有文献就环境规制的企业投资结构效应及其作用机理进行系统阐释，本书恰好能为这一领域的研究提供有一定价值的理论研究资料。

第三，进行环境规制与企业投资行为关系的多维实证检验。本书以中国工业上市公司作为研究对象，对根据理论分析推出的理论假设进行了多维实证检验，得到了许多启发性的结论。目前关于环境规制经济效应的实证研究多集中在竞争力效应、FDI 效应、创新效应、产业结构调整效应等方面，从中国的实际出发，探究环境规制的企业投资行为效应的实证研究则相对不足。本书构建涵盖地区、行业、企业、时间维度的计量模型，就环境规制的企业投资规模效应特别是投资结构效应进行实证检验，并验证其中的作用机理和相关传导效应。而且，本书还实证检验了不同环境规制工具以及在不同污染密集度行业和不同规模的企业中，这种影响可能存在的差异性，这也进一步丰富了关于政府政策效应的相关研究。

三、研究不足

尽管本书在构建环境规制影响企业投资行为的效应传导模型基础上，基于中国工业上市公司的经验数据进行了多维实证检验，得到了许多具有启发性的结论，在一定程度上丰富了关于环境规制经济效应的理论与实证研究，但本书的研究仍存在一些有待进一步完善和深入的地方。

首先，在样本选取方面，由于中国工业企业数据库提供的较为可靠的工业企业样本的最新数据仅到 2007 年，无法反映更近年份中国工业企业投资行为的变化情况及其受环境规制的影响效应，本书的实证检验不得不以中国工业上市公司为研究对象。此外，中国生态环境部以第二次全国污染源普查成果为基准，依法对 2016~2019 年的污染源统计初步数据进行了更新，导致 2016 年之后的污染源有关数据与以前年份不可比，因此，本书只能将样本区间截止到 2015 年。鉴于此，由于样本的局限，本书得出的实证检验结论的普适性有待进一步提高。

其次，在实证研究方面，囿于数据、时间和精力，文中环境规制指标以及企业投资规模和结构指标虽然考虑了多个角度，使其尽可能贴近中国的实际情况，但其细化程度仍有待进一步提升，如区分地方性环境法规主要是针对污染物排放类型，根据上市公司财务相关明细资料进一步明确企业投资项目的性质和类型等。

第二章　理论基础与文献综述

本章首先阐述了企业投资行为相关的理论基础①，然后从环境规制的政策设计、环境规制的经济效应以及环境规制与企业投资行为等与本书研究相关且有较大启发的视角对国内外学者的研究成果进行分类梳理，希望能够全面了解与本书研究主题相关的研究现状。

第一节　企业投资行为相关的理论基础

关于企业投资行为的理论研究是在边际革命之后，基于新古典主义资本理论和厂商理论发展起来的。我们一般将有关企业投资行为的理论划分为传统企业投资理论、新古典企业投资理论及现代企业投资理论三个阶段（程仲鸣，2010）。传统企业投资理论以加速器投资理论为代表，新古典企业投资理论包括 MM 理论、Jorgenson 投资理论以及 Tobin's Q 理论，而现代企业投资理论则是在不确定和不可逆条件下以及信息不对称、代理冲突的条件下发展起来的企业投资理论。

一、传统企业投资理论

加速器投资理论是早期西方学者用于研究投资的模型，是传统企业投资理论

---

① 需要指出的是，除企业投资行为相关的理论基础外，环境规制相关理论也构成了本书研究的理论基础。然而，由于环境规制的相关理论，如外部性理论、公共品理论、信息不对称理论等均是微观经济学中为大家所熟知的经济理论，所以这里没有一一展开描述。

的代表，它为后来研究企业投资行为以及投资变动的宏观经济效应做出了开拓性的贡献。加速器投资理论首先由克拉克（Clark）于 1917 年在《商业的加速与需求规律》中提出。后来，萨缪尔森（Samuelson）在其基础上提出了乘数—加速原理。从企业角度来说，加速器投资理论的基本原理是：在资本产出比为常数以及每个时期内的实际资本存量都调整为最佳资本存量的情况下，企业投资是其产出或收入变动的函数，产出或收入的变化会引起企业投资的变化。然而，在现实中，固定的资本产出比以及没有资本闲置的条件都难以满足，所以限制了加速器投资理论的应用和进一步发展。

二、新古典企业投资理论

新古典企业投资理论是基于新古典经济学的分析范式，以确定性和信息完全为分析前提，在假设企业投资可逆的条件下，对企业投资行为的决定因素进行研究形成的理论。新古典企业投资理论主要包括以下三个理论：

（一）MM 理论

MM 理论由莫迪利安尼（Modigliani）和米勒（Miller）于 1958 年提出。MM 理论认为，在不考虑企业所得税和破产风险、具有完善的资本市场、市场参与者能自由套利（资本自由流动）以及市场收益率与个人融资成本相同的条件下，企业的资本结构不会影响企业的资金成本，也不会影响企业的市场价值，企业是否投资以及投资多少的决策与资本结构（负债融资、权益融资或其组合）无关，企业的投资只取决于投资的预期获利能力。因此，MM 理论也被称作"MM 投融资无关论"。

可以看出，最初的 MM 理论的前提假设非常严格，于是，莫迪利安尼和米勒随后将所得税因素也考虑进去。莫迪利安尼和米勒指出，在考虑企业所得税的情况下，由于企业负债的利息是免税的，因而企业的负债发展能够增加企业的税后利润，此时，企业应采取负债方式获取资金进行投资。之后，学者们对 MM 理论又进行了进一步的修正，形成了权衡理论（Trade-off Theory）。权衡理论进一步放宽了 MM 理论的假定条件，认为在企业所得税、财务困境成本、代理成本等存在的条件下，考虑虽然企业负债经营发展可以产生节税效应，但是，随着企业负债的增加，企业陷入财务困境的可能性也会增加，此时财务困境成本和代理成本也会相应增加，从而在一定程度上抵消之前的节税效应。因此，企业到底选择何种资本结构，取决于对两者权衡的结果。

（二）Jorgenson 投资理论

Jorgenson（1963）在资本、劳动等生产要素可以相互替代的基础上，从完全竞争市场（包括产品市场、资本市场和劳动力市场）出发，将新古典生产函数（柯布—道格拉斯生产函数）引入企业投资函数，通过构建企业长期利润最大化的目标函数，求解出企业最优资本存量，从而确定企业在确定性条件下的投资水平。

Jorgenson 投资理论的基础是"NPV（净现值）原则"，其基本思想是：当资本的边际收益等于资本的边际使用者成本时，企业可以获得足够的资金投资于正 NPV 的项目。可以看出，企业投资决策主要受到要素价格以及产出价格和产出水平的影响。这里的资本使用者成本也被称为资本的隐含租金，是在考虑了资本购买价格、利率、折旧率和税率基础上计算出来的。

需要指出的是，Jorgenson 投资理论假设实际资本存量能够瞬时间调整到最优状态，而忽略了实际可能存在的资本存量调整成本。鉴于此，后来的学者进一步完善和发展了 Jorgenson 投资理论。如阿罗和库尔兹（Arrow and Kurz，1970）提出了不可逆条件下的企业投资理论，艾思纳和斯特罗茨（Eisner and Strotz）以及卢卡斯（Lucas）提出了包含调整成本的企业投资理论。

（三）Tobin's Q 理论

1969 年，Tobin 首先提出了 Tobin's Q 比率。而该理论的严谨模型是在 20 世纪 70 年代末 80 年代初建立起来的，其中 Abel（1979）、Yoshikawa（1980）和 Hayashi（1982）对此做出了突出贡献。

Tobin's Q 理论与 Jorgenson 投资理论不同的是，该理论认为企业的投资由未来的投资机会所决定，而不是仅仅依赖于变量的过去值。Tobin's Q 比率一般被定义为企业在股票市场的市场价值与其资产的重置成本之比。一般而言，Q 比率很少出现等于 1 的情况，如果 Q 比率大于 1，意味着企业新增资产的市场价值高于其重置成本，此时企业可以通过发行股票的方式进行低成本的融资来投资于新的资产，投资变得有利可图；相反，如果 Q 比率小于 1，则意味着企业新增资产的市场价值低于其重置成本，此时不应该进行投资。

Tobin's Q 理论同样是基于"NPV 原则"，其实质仍然是比较投资的边际收益与边际成本，只不过这里的边际收益是企业投资的边际市场价值，边际成本则是其边际重置成本。而且，企业在股票市场的市场价值反映的是企业未来的投资机会所产生的预期利润流的现值，因此，Tobin's Q 理论是基于"NPV 原则"并考虑了预期因素形成的企业投资理论，在当时迅速成为主流企业投资理论。

三、现代企业投资理论

如前文所述，传统和新古典企业投资理论包含了很多严格的前提假设，但现实情况却往往很难满足这些假设，如未来存在不确定性、投资具有不可逆性、出现信息不对称和委托代理问题等。为了解决现实中所出现的上述问题，在信息经济学、委托代理理论以及公司治理理论的基础上，现代企业投资理论发展起来了。本书接下来将对现代企业投资理论中的几个代表性理论进行具体阐述，它们分别是：实物期权理论、信息不对称视角下的企业投资理论以及代理冲突视角下的企业投资理论。

（一）实物期权理论

在现实世界中，企业进行投资决策时往往受到不确定因素的影响，而且某些投资特别是实物投资往往具有不可逆性。这里的不可逆性是指这种投资含有沉没成本，一旦形成存量资本，即使企业日后改变投资决策，这部分成本也将无法收回，因为其很难再用于其他行业或其他产品的生产。在这种不确定和投资不可逆的条件下，形成了一个新的企业投资理论，即实物期权（Real Option）理论。

实物期权是指在企业进行实物资产投资时所具有的类似于金融看涨期权的选择权。也就是说，企业在不确定环境下面临一个未来投资机会的选择时，可以将其视为在未来某一时点购买某项实物资产的一种选择权，并以推迟投资决策的机会成本抵消等待的代价。在具有不确定性的经济环境中，等待可以换来关于未来投资机会的更多信息，因此，等待和延迟投资可能是较好的选择，特别是在投资不可逆的情况下。然而，一旦企业进行实物投资，便意味着执行了"实物期权"，失去了期权价值。失去的期权价值是一种机会成本，也包括在投资成本中。因此，只有投资的边际收益与资本的使用者成本之间的差额大于投资的期权价值时，企业才会投资。

实物期权理论认为，实物投资的期权价值对未来收益与成本的内在不确定性以及投资的沉没成本高度敏感，不确定性的增强以及投资沉没成本的增加均能够提高实物投资的期权价值，从而使得企业投资的临界值增加，对企业的投资支出产生抑制或延迟作用。

（二）信息不对称视角下的企业投资理论

20 世纪 70 年代以后，随着信息经济学的发展，信息不对称在企业投资行为的理论研究中备受关注。无论是股权融资还是债务融资，信息不对称问题的存在均会使得企业很难达到最优投资水平。

首先，在股权融资过程中，梅耶斯和马吉拉夫（Myers and Majluf, 1984）认为，信息不对称问题中的逆向选择会对企业投资产生影响。他们指出，在企业进行股权融资时，企业管理层与潜在的投资者之间会存在信息不对称。管理层掌握更多关于投资项目成本、收益及风险方面的相关信息，而股票市场上的潜在投资者掌握的信息较少，潜在投资者会对新发行股票的估价向下打一个折扣，NPV 为正的投资项目也可能被放弃。因此，企业选择投资项目的融资来源时会首选企业内部资金，如果内部资金不充裕，企业投资则可能出现不足。在此基础上，那拉亚南（Narayanan, 1988）进行了进一步分析，指出在信息不对称情况下，由于潜在投资者只能按照所有企业的平均价值来确定某个企业所发行股票的价格，因此，投资项目净现值低的企业可以从发行价值被高估的股票中获利，从而使得这些企业有可能投资于 NPV 为负的项目，出现过度投资。

其次，在债务融资过程中，关于投资项目，债权人与企业管理层之间也会存在信息不对称。Jaffee 和 Russell（1976）指出，企业管理层拥有信息优势，而债权人处于信息劣势。在这种情况下，也可能会导致债权人出现逆向选择风险的情况。由于债权人不了解企业管理层的投资风险，因此债权人倾向于提高利率来规避这种风险，这样不仅会增加企业的融资成本，而且可能使投资风险低的企业不再借款。此时，即使 NPV 为正的投资项目也可能由于面临融资约束而只能放弃，导致出现投资不足。

（三）代理冲突视角下的企业投资理论

在企业的经营发展过程中，存在着许多委托代理关系，如管理者与股东之间、股东与债权人之间等。由于委托人和代理人之间的利益冲突，企业管理者或股东会为了自身利益而导致企业产生非效率投资。

首先，在管理者与股东的代理冲突下，拥有信息优势的管理者可能出于包括报酬、职位、声誉、职业安全等多方面与自身利益有关的因素考虑，使企业的投资决策出现不合理的情况。如管理者可能出于"帝国建设"或提高个人声誉的目的而使企业出现投资过度或投资不足。这里的"帝国建设"是指管理者往往偏好企业大型化发展，因为其地位、权力与报酬均与企业规模正相关（Jensen and Murphy，1990）。在这种情况下，企业更容易投资于对管理者有利的项目而不是发放现金股利，从而出现投资过度。另外，企业管理者有动机出于提高其在人力资本市场中个人声誉的考虑，采取增加企业短期投资的行为，从而导致某些方面的投资出现不足，如机器设备检修投资、职工培训投资等。

其次，在股东与债权人代理冲突下，股东拥有信息优势，债权人则处于信息劣势，无法完全监督股东的投资行为，从而使两者出现利益冲突。一方面，Jensen 和 Meckling（1976）指出，在这种代理冲突下，股东和经理有进行资产替代的可能性。在出售债券时，企业股东会允诺进行低风险投资，然而，拿到债权人的财富后，股东会以自身财富最大化为目标，倾向于对高风险高收益的项目进行投资而不考虑债权人的财富问题，从而造成过度投资。此时，一旦投资失败，债权人承担大部分损失。Jensen 和 Meckling 认为，这种机会财富损失是一种负债代理成本。另一方面，Myers（1977）又指出，股东和经理也有可能拒绝那些能够增加企业价值但绝大部分收益归属于债权人的投资，从而出现投资不足。而且，一旦债权人意识到股东和经理这种道德风险行为的存在，将提高利率以规避风险，从而提高企业的融资成本，导致可能出现投资不足的现象。

第二节　环境规制政策设计的相关研究

目前，国内外学者就环境规制的政策设计进行了大量研究，其研究内容主要集中在以下几个方面：

一、环境规制政策工具的理论比较研究

从国外研究来看，首先，许多学者对激励型环境规制和命令与控制型环境规制进行了理论比较研究。早期许多学者都认为激励型环境规制相对于命令与控制型环境规制更有优势。如 Baumol 和 Oates（1988）认为，由于命令与控制型环境规制工具需要准确掌握大量相关信息，而激励型环境规制工具不仅具有节约信息的优势，而且在不同来源的边际减排成本相等的条件下能够实现减排成本最小化。此外，激励型环境规制能够为企业提供持续动态技术创新激励（Jaffe and Stavins，1995）。不过，也有学者持不同意见，认为命令与控制型环境规制也有其优势。如 Keohane 等（1998）从环境规制政策工具的需求和供给角度研究发现，命令与控制型环境规制具有一系列优点：能够产生租金，规制部门能够更好地控制其分配效应，对于规制部门而言供给成本更低，环境利益集团出于哲学、策略和技术方面的考虑也更偏爱命令与控制型环境规制等。Gerigk 等（2015）则认为，若采取标杆管理方法对环境标准进行设计，那么改进的命令与控制型环境规制不仅能够激励企业采取先进减排技术，而且最终能够实现减排成本最小化。

此外，也有许多国外学者对同为激励型环境规制工具的排污税和可交易排污许可证进行了比较研究。如 Weitzman（1974）指出，在完美信息下，以拍卖形式出售的可交易排污许可证与排污税具有相同的效应。但在不确定条件下，可交易排污许可证和排污税的相对有效性取决于边际减排收益与边际减排成本曲线的相对斜率。如果边际减排成本曲线比边际减排收益曲线陡峭，应采用排污税工具；反之，则应采用可交易排污许可证工具。Williams Ⅲ（2010）研究基于州和联邦政府的环境政策冲突，认为如果一种污染物不仅给当地带来破坏性影响还产

生外溢效应，相对于可交易许可证，联邦排污税将更有效。与之不同，Walter 和 Chang（2020）则对生态认证和排污税进行了比较研究，发现在一般情况下，生态认证更能够减少对环境的总体破坏，增加消费者利益。

从国内研究来看，刘丹鹤（2010）认为，在选择环境规制政策工具时，应该以环境规制政策的实施效率和执行效果为基准，综合权衡静态效率收益、动态创新激励、行政管理成本、政策激励相容、实施机制条件等因素。综合而言，为达到既定环境保护水平，激励型环境规制工具下所需的成本较低，命令与控制型环境规制工具在某些领域则可能更有效。孙玉霞和刘燕红（2015）认为，从理论上讲，采取基于"庇古税"的环境税方法以及发放可交易污染许可证的方法都能够激励企业达到预定的污染控制目标，二者具有等效性。此外，李青原和肖泽华（2020）认为，不同性质的环境规制工具（排污收费和环保补助）通过倒逼效应、资源效应和挤出效应等会对企业绿色创新行为产生不同的效果。

二、环境规制政策的影响因素研究

在实践中，环境规制政策的实施会受到许多因素的影响。在国外研究中，Damania（1999）着重考察了政治游说在环境规制政策选择实践中的作用，他认为排污税更可能也更容易得到代表环境利益集团的政党的支持。Jordan 等（2005）以德国"蓝色天使"生态标签计划为例，强调了在自愿型环境规制实施过程中政府支持以及公众环保意识的重要性。在此基础上，Jordan 等（2013）进一步指出，环境规制政策工具的实际选择不仅受到技术因素的影响，还受到选举规则、主导思想、政策范式、行业的政治力量等因素的影响。Daugbjerg 等（2014）则以生态标签为例，基于丹麦的采购数据和调查数据研究后表明，人们对生态标签属性的了解越多，对标签认证的信任度越高，越有可能对生态标签产品进行购买，从而使得生态标签这种自愿型环境规制更加有效。

在国内研究中，王惠娜（2010）指出，管制性压力和非管制性压力是推动企业参与自愿型环境规制的主要动因，其中管制性压力是关键。曾倩等（2018）认为，命令控制型、市场激励型和公众参与型环境规制工具的治污效果与产业结构优化升级的程度密切相关。

三、利益相关方的博弈与环境规制政策设计研究

在政府对企业进行环境规制时，企业与政府、中央政府和地方政府之间甚至地方政府之间均会发生一系列的博弈活动，从而对环境规制政策的设计及其有效性产生影响。这也是环境规制政策设计问题研究的一个重点。

从国外研究来看，Harrington（1988）认为，政府环境执法部门根据企业以往时期对环境规制的遵从情况将企业分为目标组和非目标组来设计政策能够增强政策的威慑力。在考虑企业与政府间博弈的情况下，对于非目标组企业，如果遵从环境规制，可以得到奖励，但如果被环境执法部门检查发现违规排污，则被归入目标组，增强环境罚款力度。在这种机制设计下，企业未来的违规排污行为将大大降低。Friesen（2003）对该机制进行了进一步修正。Friesen设计了一套检查成本最小化的目标机制，目标组企业最初是随意选取的，之后只有当环境执法部门检查表明企业遵从了环境规制，该企业才能够从目标组转入非目标组。这种目标机制不仅能够节约检查成本，而且威慑力更强，使企业违规行为进一步降低。Rocha 和 Salomão（2019）则构建了包含企业和政府演化博弈的模型，分析了一国企业环境合规与政府环境执法之间的相互作用。分析发现，过高的执法成本会导致无效的监督过程，迫使少数合规公司离开其所在的国家，因此环境执法机制的有效设计非常重要。Sheng 等（2020）构建了三方（中央政府、地方政府、企业）演化博弈模型，分析表明，中央政府的监管对实现环境规制政策目标十分关键，增加环保违约金和合规激励措施将激励地方政府更加有效地实行环境规制。也就是说，需根据各利益相关方之间相互协调的影响因素设计激励相容的环境规制政策。Khosroshahi 等（2021）也构建了包含政府和企业的博弈理论框架，认为同时提供正面和负面信息披露补贴对双方都有好处。不过，由于企业正、负信息披露的成本均较高，企业希望政府采取纯粹的环境政策。

从国内研究来看，臧传琴等（2010）从信息不对称出发，采用博弈论的方法分析后认为，从静态角度，无论是基于"庇古税"的环境规制还是可交易排污许可证型环境规制，规制部门与排污企业之间的博弈行为均会降低政府环境规制的效率。从动态角度，排污企业会通过寻租行为，破坏环境，损害公众利益。因

此，在进行环境规制政策设计时，应在加强环境规制政策创新的同时，强化信息披露。李国平和张文彬（2014）基于委托代理模型，提出了以地方政府的利益最大化为目标并满足地方政府和企业激励约束条件的最优环境规制契约，认为若将当地居民作为第三方规制引入地方政府环境规制中能够在一定程度上熨平地方政府环境规制的波动。初钊鹏等（2019）同样构建了一个三方（中央政府、地方政府、公众）非合作演化博弈模型，研究发现，中央政府可以以环境行政管制调控地方政府的不规制行为，且在公众参与的第三方监督可以改变地方政府理性预期的前提下，达到演化稳定均衡。此外，公众监督可以完全替代中央政府的环境行政管制。

四、研究评价

综上所述，从理论研究的角度来看，国外对环境规制政策设计的研究具有开创性，理论上的探讨分析也更为深入，国外学者充分运用信息经济学、博弈论和制度经济学的相关理论，构造了一系列数理模型，并从各个国家的案例中找出规律性内容，为环境规制政策设计的优化提供理论借鉴。而国内关于环境规制政策设计方面的研究还有待于进一步深化。

从实证研究的角度来看，相对于理论研究的丰富成果而言，目前国内外对环境规制政策设计的实证研究略显不足。因此，本书在对环境规制的企业投资行为效应进行实证研究时，将基于环境规制的异质性（不同类型的环境规制工具）考察影响效应的差异性。环境规制工具不仅涵盖管制型环境规制工具，如地方性环境法规、地方性环境行政规章，还包括经济型环境规制工具，如排污费。本书希望能够从实证研究角度为环境规制政策的设计提供经验依据。

第三节　环境规制经济效应的相关研究

环境规制除了能达到环境目标——使环境污染的负外部性内部化外，也会产生各种经济效应。目前，国内外关于环境规制经济效应的研究较多，以下是几个有代表性的且对本书有借鉴意义的研究：

一、环境规制的竞争力效应研究

在对环境规制经济效应的研究中，环境规制的竞争力效应一直是研究的重点，环境规制是削弱还是增强企业、产业或国家的竞争力是理论界和实务领域都很关注的热点问题。

（一）环境规制的竞争力效应的理论研究

1. 环境规制的竞争力效应的国外理论研究

传统观点认为，意在将外部成本内部化的环境规制会提高企业的成本，如增加污染治理和预防方面的投入、生产过程和管理方式调整等均会导致企业的遵从成本提高，而在资源充分利用的情况下，遵从成本的提高会降低企业的盈利，从而削弱企业竞争力。此外，环境规制有时对现有企业有豁免，对新进入企业施加更高的环境标准，从而对更有效率的新投资产生一定的抑制作用，不利于企业竞争力的提升（Jaffe et al.，1995）。与传统观点不同，Porter（1991）以及 Porter 和 Linde（1995）指出，环境和经济之间存在矛盾的传统观点是基于静态角度提出的，假定技术、产品、生产过程和顾客需求都是固定的。从静态角度来看，在企业已经做出成本最小化选择的情况下，环境规制难免会提高企业成本，进而降低企业的竞争力。然而，定义竞争力的新范式是基于创新的动态模型，而不再局限于静态模型；竞争优势也不再依赖于静态效率以及固定约束下的最优化，而是依赖于能够改变约束的能力和创新能力。因此，严格且恰当设计的环境规制能够激发创新，从而促使企业更加关注减排并采用更有力的措施，如重新配置产品和生产过程。企业的这种创新活动能够部分或全部补偿环境规制的遵从成本，从而增加企业竞争力。这被称之为"波特假说"。

之后许多学者对"波特假说"提出质疑。例如，Palmer 等（1995）通过公司访谈发现，严格的环境规制会给企业带来巨大的净成本，创新补偿难以超过环境遵从成本。Jaffe 等（1995）指出，企业作为理性经济人，在生产经营过程中总是追求利润最大化，那么能够实现利润最大化的创新机会应该早已被企业管理者发现，而不需要借助于环境规制措施促使企业发现创新机会。此外，政府规制部门在发现创新机会方面不会比企业管理者更出色。鉴于此，Jaffe 和 Palmer（1997）对"波特假说"进行了进一步阐释，将"波特假说"进一步区分为："狭义波特假说""弱波特假说"以及"强波特假说"。其中，"狭义波特假说"是指重视结果而非过程的环境规制才能够促进创新，即灵活设计的环境规制政策更具激励作用。"弱波特假说"是指环境规制仅能促进某种类型的创新，即环境创新。"强波特假说"则是指企业在目前的经营过程中仍面临具有盈利前景的创新机会，环境规制能促使企业从事不仅可以实现规制遵从而且可以提高利润的创新，即能提高企业竞争力。

此后，众多学者构建了数理模型针对"波特假说"是否成立进行了严谨的理论分析。首先，从资本构成的角度，Xepapadeas 和 Zeeuw（1999）构建数理模型研究认为，严格的环境规制带来的成本增加会促使企业进行规模精简和更新改造，从而有助于提高其平均生产率。后来，Feichtinger 等（2005）在其基础上，引入非线性就环境规制对资本构成的影响进行了研究，认为在存在学习效应和技术进步效应的情况下，严格的环境规制对企业利润产生较强的负面影响。这与"强波特假说"的结论正好相反。

其次，从消费者的偏好角度，Alpay（2001）基于古诺寡占模型就环境规制对国际竞争力的影响进行了理论分析，认为由于消费更加偏爱清洁型产品，一国实行更高的环境标准在增加国内需求的同时，也为创造国际竞争力开辟了道路。André 等（2009）则构建了纵向产品差异化的双寡头模型，假定企业同时确定产品的环境质量然后进行价格竞争，从消费者对绿色产品偏好的角度证实了环境规制对企业利润以及企业竞争力的正向促进作用。

再次，从委托代理角度，Ambec 和 Barla（2002）构建了再协商模型，认为企业经理作为代理人，拥有关于生产率的私人信息，企业经理会从企业的创新投资中抽取信息租金，这是一种代理成本。然而，环境规制通过抑制企业经理的信息优势，能够降低代理成本，从而促进减排技术创新，同时提高企业的预期利润。Chang（2013）在 Ambec 和 Barla（2002）研究的基础上，将生产函数和研发成本整合，构建了垄断企业和环境规制部门的博弈模型，分析发现，严格的环境规制有利于提高企业利润，但无法激励创新。

最后，Kemp 等（2000）认为，环境规制并不是以简单的方式——或阻止创新或开启创新来影响创新，而是通过改变创新激励体系、创新模式以及技术进步方向来影响创新，其中需要重点关注的途径之一便是环境规制通过改变竞争的水平和性质来影响创新。Petroni 等（2019）也认为，"波特假说"的有效性验证需要考虑其他一些额外因素，如价值分配和污染密集度，它们直接影响"波特假说"被证实或者证伪。

2. 环境规制的竞争力效应的国内理论研究

21 世纪以来，国内也开始对环境规制的竞争力效应进行理论研究。张嫚（2004）是国内较早对环境规制的竞争力效应进行研究的学者之一。她认为，环境规制与企业竞争力的关系受诸多不确定因素的影响，如市场需求的不确定性、政府规制部门与排污企业博弈的不确定性、创新过程的不确定性等。

许士春（2007）认为，环境规制影响企业竞争力主要基于三个角度：成本、产品的差异化以及企业环境管理战略。首先，环境规制会增加企业的短期成本，但长期成本的变化具有不确定性，取决于创新的成败及其性质。其次，产品的差异化是"波特假说"成立的必要条件。最后，企业环境管理的动机不同（如应对规制、追求盈利机会等）导致企业环境管理战略的不同。

金碚（2009）提出，在实行环境规制过程中，要保护公平竞争规则，促进中国工业国际竞争力不断增强，实现经济效率准则和社会效益准则的平衡。

刘悦和周默涵（2018）构建异质性企业的垄断竞争模型，从理论分析中发现，若只考虑局部均衡分析，随着环境规制强度不断增加，企业生产率和竞争力将下降。然而，若考虑一般均衡分析，一些企业会因为环境规制带来的成本增加而退出市场，此时存活企业的生产率和竞争力将有所提高。

（二）环境规制的竞争力效应的实证检验

在最初的"波特假说"特别是三种形式："狭义波特假说""弱波特假说""强波特假说"提出后，许多国内外学者基于不同国家的样本数据对此进行了实证检验，但没有得到一致性的结论。

1. "狭义波特假说"的实证检验——环境规制工具的灵活设计

关于"狭义波特假说"实证研究，无论国外还是国内，囿于数据的限制，文献均相对不多。在国外研究中，Managi 等（2005）基于美国海洋油气行业的实证研究发现，严格的环境规制并没有带来产出效率的增加，在一定程度上由于该行业所实施的命令与控制型环境规制缺乏灵活性，从而不能为环境创新提供激励。此外，Lange 和 Bellas（2005）也认为，激励型环境规制能够给予企业选择实现规制遵从方式的自由。Testa 等（2011）则针对不同环境规制工具（直接规制、激励型规制和"软"工具）对企业绩效的影响进行了实证检验，结果发现：灵活设计的直接环境规制（即命令与控制型环境规制）能够为建筑企业的环境绩效和竞争力提升提供强力刺激；然而，激励型规制却对企业绩效产生了负面影响，因此建议其与其他补偿型工具一起使用；另外，由于缺乏政府支持、机制相互矛盾等原因，"软"工具尚没有发挥出对企业有形绩效的改善作用。

在国内研究中，成德宁和韦锦辉（2019）利用 2006~2015 年中国 30 个省份的省级面板数据进行经验研究，结果表明，命令型环境规制对地区产业竞争力有抑制作用，市场激励型环境规制对产业竞争力的影响具有不确定性，隐性环境规制对地区产业竞争力则有促进作用。康志勇等（2020）研究发现，行政命令型、市场激励型和公众自主参与型三种环境规制政策都体现出与企业创新的非线性关系，因此从经验上证实了"狭义波特假说"。李青原和肖泽华（2020）则发现，排污收费这一类环境规制"倒逼"企业加强绿色创新，而环保补助这一类环境规制却抑制了企业绿色创新。

综上所述，国内外的相关研究在一定程度上证实了环境规制工具的灵活设计在激励创新方面的重要性。不过，目前来看，不同类型的环境规制工具及其可能存在的叠加效应仍有待于进一步深入研究。而且，环境规制的技术创新效应还与规制政策执行力度、监管力度、企业对环境规制的预期等均有较大关系，这也是未来关于环境规制创新效应研究中值得关注的方面。

2. "弱波特假说"的实证检验——环境规制的创新效应

关于环境规制的创新效应文献主要分为两大类，第一类认为环境规制有利于促进环境创新，第二类则认为环境规制对环境创新的影响不确定。

从第一类文献看，国内外学者均做了大量研究。在国外研究中，如 Hamamo-to（2006）以日本的制造业企业为例，研究发现环境规制（以污染治理资本成本衡量）与企业 R&D（Research and Development）支出之间呈正相关关系。Kneller 和 Manderson（2012）基于英国 2000~2006 年制造业的数据，对企业创新行为动态模型进行估计，发现环境规制刺激了环境研发和环境资本投资，但对总的研发支出和资本积累并没有产生正向影响。Leeuwen 和 Mohnen（2013）基于荷兰制造企业的面板数据，采用结构模型方法对"弱波特假说"进行了实证检验，结果支持了"弱波特假说"，环境规制对生态创新产生了显著的正向作用。在国内研究中，赵红（2008）基于中国 30 个省市大中型工业企业的分析认为，滞后一期或两期的环境规制对 R&D 投入强度、专利授权数量以及新产品销售收入比重呈现显著的正效应，从中长期来看，"弱波特假说"得到支持。蒋为（2015）则基于世界银行营商环境调查中关于中国制造企业的问卷调查数据进行实证检验，发现环境规制不仅促使中国制造企业增强了研发倾向，增加了研发投资额，而且促进了制造企业的产品创新与工艺创新。

从第二类文献看，在国外研究中，Jaffe 和 Palmer（1997）基于制造业面板数据，发现滞后一期的环境遵从支出（以污染治理资本成本衡量）对 R&D 支出有显著正向影响，但环境遵从支出与专利申请数没有呈现显著相关关系，说明创新的衡量指标不同，环境规制对创新的影响效应也不同。Brunnermeier 和 Cohen（2003）基于 1983~1992 年美国制造业面板数据的实证研究发现，环境创新（以环境专利申请数衡量）随着污染治理与控制支出的增加而增加，但有关环境规制的监督和执法活动并没有提供额外的创新动力，说明环境规制的衡量指标不同，对创新的影响也会有所不同。Ford 等（2014）以澳大利亚的石油和天然气行业为例，分析认为环境规制与创新的关系非常复杂，创新是环境规制、竞争能力、企业间的合作以及 R&D 投入等因素串联共同发挥作用的产物。Borsatto 和 Amui（2019）运用 186 家工业企业的数据，使用结构方程模型研究得出，环境规制的严格程度对绿色创新的影响并不确定，它会随着企业规模和国际化程度而变化。在国内研究中，张成等（2011）基于 1998~2007 年中国工业部门省际面板数据的实证研究结果表明，在东部、中部、西部地区，环境规制对企业技术进步的影响呈现出差异性，其中，在中东部地区，两者之间呈现"U"形关系，而在西部地区，两者之间尚未形成显著的"U"形关系。蒋伏心等（2013）基于2004～2011年江苏省制造业行业面板数据的实证研究发现，环境规制对技术创新的影响也呈现"U"形特征。张中元和赵国庆（2013）则基于中国2000～2009年的省际数据研究发现，加强环境规制有利于各地工业技术进步，但由于企业所有制形式的不同而呈现异质性。环境规制的增强仅仅有利于促进国有企业的技术进步，而对私营企业和"三资"企业的技术进步或影响为负，或没有显著影响。宋文飞等（2014）基于中国工业行业2004～2011年数据的实证检验也认为，环境规制对R&D转换效率的影响呈"U"形特征，仅在一定程度上验证了"弱波特假说"。康志勇等（2020）则认为，"弱波特假说"是否成立与环境规制的类型密切相关，经验研究表明，该假说只在行政命令型与公众自主参与型环境规制上成立。

3. "强波特假说"的实证检验——环境规制的竞争力效应

关于"强波特假说"的实证检验相关文献也分为两大类：第一类是认为存在"强波特假说"，即环境规制有利于促进竞争力提升；第二类是认为"强波特假说"缺乏足够的证据，需要满足一定的条件。

从第一类文献看，在国外研究中，Berman和Bui（2001）通过与其他地区比较发现，虽然洛杉矶实行更加严格的空气质量规制，但当地石油冶炼行业的全要素生产率（Total Factor Productivity，TFP）增速更高。Testa等（2011）也证实了"强波特假说"在欧盟建筑部门的存在，更加严格的环境规制能够对企业绩效的提高产生正向激励。Yang等（2012）也发现，污染治理运行费用和污染治理资本支出的增加均显著地促进了企业生产率的提升。Rassier和Earnhart（2015）则以化学制品行业为例，实证分析后认为清洁水规制提高了企业的实际利润。此外，近些年来，国内一些研究也证实了"强波特假说"在中国的存在性和适用性。沈能（2012）基于DEA非期望产出模型，对加入环境污染非期望产出后中国各工业行业的环境效率进行了测算，并考察了环境规制强度与环境效率的关系。实证结果表明，工业部门的环境规制与环境效率呈正相关关系，这也在一定程度上验证了"强波特假说"的正确性。李树和陈刚（2013）以中国2000年修订《中华人民共和国大气污染防治法》作为一次准自然实验，采用倍差法考察了该法的修订对工业行业TFP增长的影响。分析结论表明《中华人民共和国大气污染防治法》的修订显著提升了空气污染密集型工业行业的 TFP。

从第二类文献看，在国外研究中，Jaffe 等（1995）研究发现，环境规制对企业竞争力的影响效应很小，而且难以察觉，一是现有数据很难准确测度环境规制的严格度，二是环境规制遵从成本仅是企业总生产成本的很小一部分。Lanoie 等（2011）利用 7 个 OECD（经济合作与发展组织）国家大约 4200 家企业的数据进行实证研究，结果发现环境规制虽然促进了环境创新，但囿于环境规制较高的遵从成本，环境规制对企业经营绩效产生了直接的负面效应。Leeuwen 和 Mohnen（2013）的研究则发现，环境规制并没有直接影响 TFP，这是因为环境规制对减排创新和资源节约创新的边际效应近似相等，减排创新倾向于降低 TFP，资源节约创新倾向于提高 TFP，二者作用相互抵消。Stoever 和 Weche（2018）以水资源税增加为例，研究了德国环境规制对企业可持续竞争力的影响，结果表明，环境规制并未对企业整体竞争力产生影响。Stavropoulos 等（2018）则研究认为，环境规制与竞争力间存在"U"形关系，只有在严格的和灵活设计的环境规制能够触发创新的情况下"强波特假说"才能成立。2010 年以来，国内对环境规制的竞争力效应的实证研究较多，大量文献认为环境规制并不一定促进企业竞争力提升。其中，傅京燕和李丽莎（2010）基于 1996~2004 年制造业数据进行实证研究，认为环境规制（以废水排放达标率、二氧化硫去除率、烟尘去除率、粉尘去除率和固体废弃物综合利用率综合指标来衡量）对比较优势的影响呈现"U"形特征。李玲和陶锋（2012）的实证分析结果表明，目前只有在重度污染产业中环境规制强度能够促进绿色 TFP 提高，而在中度和轻度污染行业中环境规制与绿色 TFP 呈"U"形关系。徐敏燕和左和平（2013）的研究结论与之不同，他们认为重度污染行业的环境规制虽然有利于促进创新，但削弱了产业集聚效应，最终导致竞争力下降；中度污染行业的环境规制虽然对创新没有影响，但集聚效应的增强导致了竞争力的提升；轻度污染行业的环境规制对创新和竞争力都没有显著影响。王杰和刘斌（2014）基于 1998~2011 年工业企业数据，实证检验了环境规制对企业 TFP（OP、LP 方法计算）的影响。结论显示，环境规制与企业 TFP 之间呈现倒"N"形关系。杜龙政等（2020）则在重新计算 2001~2016 年中国 30 个省区的工业绿色竞争力的基础上，发现环境规制与工业绿色竞争力之间呈现"U"形关系，从而也是仅在一定程度上验证了"强波特假说"。

二、环境规制的 FDI 效应研究

关于环境规制的外商直接投资（FDI）效应，最早可追溯至 Walter 和 Ugelow（1979），他们指出，不同国家或地区间环境规制的差异是决定 FDI 是否流入的重要因素。Copeland 和 Taylor（1994）在研究南北贸易与环境的关系时指出，发达国家往往环保意识较强，环境规制强度较高，从而推动其污染密集型产品的成本上升以及相对价格提高。因此，发达国家在清洁型产品方面具有比较优势，主要从事清洁型产品的生产和出口，而发展中国家在污染密集型产品上具有比较优势，主要从事污染密集型产品的生产和出口。若进行自由贸易，发达国家进口产品的污染含量将增加，进而将使全世界的污染增加。这就是著名的"污染避难所假说"（Pollution Haven Hypothesis，PHH）。此后，许多学者从 FDI 的角度进行研究，认为发达国家严格的环境规制政策会使得其污染密集型产业转向环境规制政策宽松的发展中国家进行直接投资，而发展中国家最终成为"污染避难所"。这一效应被称之为"污染避难所效应"（Melo et al.，2006）。目前来看，大量文献就环境规制的 FDI 效应进行研究，即对"污染避难所效应"是否成立进行检验，但却没有得出一致性的结论。具体而言，主要分为以下三种情况：

（一）环境规制对 FDI 的抑制作用研究

从国外研究来看，Xing 和 Kolstad（2002）对美国若干行业（如化学品、金属行业等）的分析为"污染避难所效应"提供了间接支持，认为具有较为宽松的环境规制的国家将吸引更多的美国污染密集型行业资本流入，导致污染密集型行业向这些国家转移。Keller 和 Levinson（2002）研究了美国各个州的环境遵从成本差异对 FDI 区位选择的影响，结果发现环境规制对 FDI 产生了小幅抑制作用。Hanna（2010）也分析认为，环境规制增加了美国的 FDI 流出，具体而言，受清洁空气法修正案（CAAA）影响的美国污染型行业跨国公司增加了 5.3% 的国外投资。Chung（2014）基于 2000～2007 年韩国外部投资的数据采用倍差法（DID）的实证研究结果也表明，韩国污染密集型行业更倾向投资于环境规制宽松的国家，为"污染避难所效应"提供了有力的证明。

从国内研究来看，一些学者从不同角度证实"污染避难所效应"在中国存在，较高的环境规制对中国 FDI 流入产生抑制作用。如郭建万和陶锋（2009）在新经济地理模型框架下利用中国 1998~2005 年省际面板数据的分析结论与之类似，在不考虑集聚经济的情况下，中国存在"污染避难所效应"。史青（2013）基于中国 1999~2007 年的省际工业面板数据的实证研究认为，在环境规制内生的情况下，中国较低的环境规制水平对 FDI 有显著的吸引作用。此外，李斌等（2011）利用中国 1999~2009 年省际面板数据的分析、林季红和刘莹（2013）基于 2001~2008 年中国 36 个工业行业面板数据的分析以及刘朝等（2014）基于 1999~2011 年工业分行业面板数据的分析均验证了"污染避难所效应"在中国的存在，环境规制水平的降低的确能够吸引更多的 FDI。不过，刘朝等（2014）进一步指出，环境规制对 FDI 的影响效应具有行业异质性，在技术密集度较低、环境污染程度较高、垄断水平较低的行业，环境规制对 FDI 的抑制作用更加显著。Ge 等（2020）基于 2001~2015 年中国省际行业多维面板数据，采用三重差分模型实证研究了环境规制（"十一五"规划和"十二五"规划期间的二氧化硫减排政策）对中国 FDI 流入的影响，结果表明，在环境规制较严格的省份，FDI 流入高污染行业较少，环境规制显著抑制了 FDI 流入，从而证实了"污染避难所效应"。

（二）环境规制对 FDI 的促进作用研究

相对而言，国内外也有少量文献认为，"污染避难所效应"不存在，FDI 甚至倾向于投资在环境规制严格的国家或地区。从国外研究来看，Friedman 等（1992）认为，环境规制对 FDI 没有任何不利影响，甚至具有刺激、促进的正向作用。Puzon（2011）将"污染避难所"和"自然资源诅咒"问题的研究纳入一个分析框架，分析结果认为，外国企业更愿意选择自然资源丰富的国家进行投资，更加严格的环境规制反而更加有利于 FDI 流入，即环境规制对 FDI 呈现促进作用。

从国内研究来看，也有学者得出与"污染避难所效应"相反的结论。如李真等（2013）基于中国工业部门 1995~2011 年数据的实证研究表明，环境规制对中国工业部门 FDI 流入短期内起到一定的抑制作用，但中长期这种作用将逐步转为微弱正向。彭可茂等（2013）使用中国 2002～2012 年工业部门的省际面板数据进行实证研究，结果表明，从全国总体以及东部和西部地区来看，随着环境规制强度的增加，工业投资也会增加，并不存在"污染避难所区域效应"。

（三）环境规制对 FDI 的影响不确定或者不显著的相关研究

环境规制对 FDI 除产生确定性的负向或正向影响外，许多学者研究认为还可能存在不确定甚至并不显著的影响。从国外的研究来看，Dean 等（2005）对环境规制与进入中国的中外合资企业在各省份区位选择关系的研究发现，环境规制的严格程度并不一定影响企业的区位选择，来自 OECD 国家的合资企业更倾向投资于环境规制严格的地区。Cole 和 Elliott（2005）将"资本—劳动力假说"（KLH）与"污染避难所假说"（PHH）放在一个分析框架下对美国向墨西哥和巴西的 FDI 流出进行实证研究，虽然他们发现行业污染密集度越高，FDI 流出越多，但认为这并不意味着"污染避难所效应"的广泛存在，资本等要素禀赋在 FDI 流出的区位决定中也发挥着重要作用。Elliott 和 Shimamoto（2008）基于日本 1986～1998 年对三个东盟国家——马来西亚、菲律宾和印度尼西亚的 FDI 流出数据进行实证分析，发现行业环境规制并没有影响行业的 FDI 流出，KLH 与 PHH 中存在的相反作用力是其中一个重要原因。Manderson 和 Kneller（2012）以英国为例进行实证研究，结果发现，相对于清洁型跨国公司，污染型跨国公司并没有更大的可能性投资于环境规制宽松的东道国，环境规制并不是跨国公司国际化区位决策的重要影响因素。Yoon 和 Heshmati（2021）对韩国 2009～2015 年制造业的 FDI 流出数据进行实证研究，结果表明，随着东道国的环境规制严格程度的提高，韩国流入这些国家的生产性 FDI 会显著减少，然而，若将非生产性 FDI 考虑进来，环境规制对全部 FDI 决策并没有产生显著影响。

从国内研究来看，朱平芳等（2011）从中国地方分权视角进行考察，利用中国 2003～2008 年 277 个地级市面板数据的实证研究发现，平均来看，环境规制对中国 FDI 流入的影响并不显著，且作用方向与 FDI 水平的高低密切相关。江珂和卢现祥（2011）从投资来源国和地区的角度对"污染避难所效应"在中国是否存在进行实证检验，研究发现，中国环境规制水平的提高对来自发展中国家的 FDI 产生抑制作用，但对来自发达国家的 FDI 并不会产生影响。王兵和肖文伟

（2019）通过 FDI 的子向量距离函数构造环境规制的成本效应，测度了中国 30 个省份 1999~2015 年的环境规制成本后研究得出，在环境规制政策的作用下中国各省份的实际 FDI 增速先加快，之后却减缓。史贝贝等（2019）从环境监管信息披露制度角度来分析环境规制对 FDI 的影响效果，研究发现，环境信息披露虽然显著抑制中国整体 FDI 流入，但却存在明显的行业差异，它在促使清洁型行业 FDI 流入增加的同时，还增强了污染型行业中企业的市场退出，从而有助于 FDI 结构优化。

三、环境规制的产业结构调整效应研究

在对文献的梳理过程中笔者发现，国外对环境规制经济效应的研究主要集中在微观层面，较少学者从中观甚至宏观层面进行研究。而从国内研究来看，这方面的中观和宏观研究则相对较多，而且近几年出现了一个新的研究角度，即环境规制的产业结构调整效应，所以接下来本书将对这方面的研究文献做出梳理。

从理论分析来看，李强（2013）基于 Baumol 的研究构建了非均衡增长模型，推导认为环境规制将提高工资的均衡水平，从而促进资源从工业流向服务业，使得服务业的产出和就业占比不断增加，产业结构实现优化调整。钟茂初等（2015）构建数理模型推导认为，在环境规制的不同水平下，企业将采取不同的行为，或者忍受环境规制的高成本，或者进行污染产业转移或（和）产业结构的本地升级。

从实证研究来看，李眺（2013）基于中国 2001~2010 年的省际面板数据的实证结果表明，环境规制显著促进了中国服务业的快速增长，但这种影响存在地区差异，东部地区和西部地区的促进作用较为明显，而中部地区的影响比较微弱。原毅军和谢荣辉（2014）基于中国 1999~2011 年的省际面板数据，分别就正式环境规制和非正式环境规制对产业结构调整（以三产增加值与二产增加值的相对比例来衡量）的影响进行了实证研究，结果表明，正式环境规制能有效促进中国的产业结构调整，非正式环境规制的产业结构调整效应也开始初步显现。钟茂初等（2015）基于中国的省际面板数据采用门槛回归模型进行实证研究发现，

环境规制与地区产业转移和产业结构升级（以从比例关系和生产率提高两方面构建的产业结构高度化来衡量）均呈现"U"形关系。目前，中国仍处于半内涵式发展阶段，环境规制仅可以推动产业的地区间转移，对产业结构升级尚未发挥作用。余泳泽等（2020）利用手工整理的环境数据，采用 DID（双重差分法）模型从城市和企业两个层面检验了地方政府环境目标约束对产业转型升级的影响，结果表明，环境目标约束会使地方政府加强环境规制，进而推动当地产业转型升级。罗知和齐博成（2021）则认为，环境规制强度的提高不仅使得污染程度较高的企业产值下降，还可以通过促进当地的自然环境改善使得相关服务业更为发达，也就是说，严格的环境规制推动了地区的产业结构升级。

四、研究评价

综上所述，随着环境问题日益受到重视，目前国内外关于环境规制经济效应的研究文献已经较为丰富，研究角度包括竞争力、创新、FDI 以及产业结构调整等，这些文献对本书的研究提供了很大启发。本书主要从中国环境规制和企业投资的实际出发，将环境规制和企业投资行为纳入一个分析框架下进行系统分析，试图对环境规制的企业投资行为效应进行理论和实证研究。在环境规制影响企业投资行为的机理分析中，Porter（1991）以及 Porter 和 Linde（1995）提出的"波特假说"，特别是"创新补偿效应"为本书的机理模型构建提供了一个重要的效应传导渠道。在对环境规制的 FDI 效应研究中提出的"污染避难所效应"也为本书的机理模型构建提供了一个重要渠道，环境规制会影响企业投资的区位选择。此外，国内对环境规制的产业结构调整效应研究则为本书研究角度的选取提供了一定的思路。

综合来看，国内外关于环境规制经济效应的研究主要呈现以下特点：

（一）理论研究方面，国外的研究更加深入、严谨

在对环境规制的竞争力效应的理论研究方面，国外的研究多通过构建模型进行严谨的理论推导，在多种假定前提下深入探究环境规制对企业竞争力的影响，并首先提出了"波特假说"及其三种形式。从理论研究结论来看，除 Feichtinger 等外，其他国外学者均从不同角度证实"波特假说"的存在性。这些分析角度

包括资本构成角度、消费者偏好角度、委托代理角度、竞争的水平和性质角度等。在对环境规制的 FDI 效应的理论研究方面，也是国外学者首先提出了"污染避难所效应"，之后学者们对此进行实证研究。然而，国内对此方面的理论研究则有所欠缺，缺乏系统性和严谨性。

（二）实证研究方面，研究结论不统一

在实证研究方面，相关研究文献均没有得到一致性的结论。原因主要包括：第一，研究对象的差异。在上述文献中，涉及的研究对象既包括美国、英国、日本、荷兰等发达国家，也包括中国、印度尼西亚等发展中国家，国家之间在环境规制政策及其实施环境、企业行为规范方面的差异性都有可能导致出现不同的实证检验结论。第二，研究指标的选取不同。环境规制指标、创新指标、竞争力指标的选择均有多种方法，而选择的指标不同，得到的结论也不一样。比如，环境规制的指标既有以污染治理资本成本来衡量的，也有以污染治理运行费用来衡量的，还有以废水排放达标率、二氧化硫去除率、烟尘去除率、粉尘去除率和固体废弃物综合利用率综合指标来衡量的；创新指标既有以 R&D 支出来衡量的，也有以专利申请数来衡量的；竞争力的衡量指标则包括生态效率、全要素生产率（TFP）、企业经营绩效（包括利润）、比较优势等。第三，研究方法的差异。在实证检验中，既有采用案例研究方法的，也有采用计量分析方法的。在竞争力指标的测度中，则既有 DEA 方法，也有 OP、LP 等方法。第四，其他因素的影响。许多实证研究表明企业所有制形式的不同、地区特征的不同、内生性的存在等都可能导致结论的不统一。

（三）环境规制的产业结构调整效应研究有待于进一步深入

目前，从国内关于环境规制的产业结构调整效应研究来看，无论是在理论分析还是实证检验方面，均发现环境规制的确可以作为一个倒逼机制对中国产业结构调整和优化升级发挥作用。但在实证检验中，对产业结构调整指标的构建偏于笼统，如以第三产业产值、比重或第三产业增加值与第二产业增加值的比例等来衡量。不过，也有文献从整体产业结构、制造业结构水平和技术水平角度构建了产业转型升级指数展开研究，如余泳泽等（2020）。综合来看，目前尚没有文献从企业的微观角度，通过研究环境规制对不同行业企业投资行为的影响差异性来探究环境规制对产业结构调整影响的微观效应。本书的研究将关注这一问题。

第四节　环境规制与企业投资行为的相关研究

Jaffe 等（1995）指出，研究环境规制对企业投资的影响应关注两个途径：外商直接投资（FDI）的变化以及国内企业的选址决策。相对于环境规制的 FDI 效应研究，就环境规制对国内企业投资行为的影响研究较少。综合而言，环境规制对企业投资行为的影响研究主要分为以下三种情况：

一、环境规制对企业投资行为的负面影响研究

首先，从环境规制水平的角度考察，Gray 和 Shadbegian（1997）基于美国 116 家造纸企业的投资数据，实证研究了州环境规制严格度对企业投资行为的影响。研究发现，由于存在较高的经营维持成本或关闭后的修复成本，环境规制对现有企业的年度投资支出没有影响或影响甚微，而且污染减排投资与生产性投资显著负相关。之后，Greenstone（2002）基于美国制造企业的数据研究发现，严格的环境规制阻碍了企业投资行为。Río 等（2011）的实证研究结果表明，在劳动密集型行业和出口比例更高的行业中，环境技术投资倾向更低。许松涛和肖序（2011）基于投资支出与投资机会敏感性模型，从整体上发现环境规制降低了重污染行业的投资效率，而且对非国有企业投资效率的负面影响更加显著。

其次，从环境规制不确定性的角度来考量，一般来讲，不确定性会延迟企业投资，也就是说，若企业面临较高的不确定性，企业将采取观望等待态度，直到投资计划的可靠性增加时才会进行投资（Yang et al.，2004）。另外，Farzin 和 Zhao（2003）指出，在政府环境规制部门提高污染税的时机存在不确定性时，企业的游说动机将增加，进而游说资本支出也将持续增加，这对资本减排支出产生了挤出效应。Blyth 等（2007）基于实物期权方法，就未来环境政策的不确定性对电力行业不可逆低碳技术投资的影响进行实证研究，结果表明环境政策的不确

定性增大了企业选择投资而非观望和等待的门槛值，降低了电力行业的不可逆投资。

二、环境规制对企业投资行为的正面影响研究

首先，从环境规制水平的角度，Leiter 等（2011）从"污染避难所假说""要素禀赋假说"和"波特假说"角度分析认为，环境规制与企业投资之间存在非线性关系，环境规制对企业投资行为的影响取决于环境规制给企业带来的成本与收益的比较分析。另外，基于1998~2007年欧洲21个国家制造业的数据，他们就环境规制的严格度对四种类型投资（有形产品总投资、建筑物投资、机器设备投资和生产性投资）的影响进行了实证检验，结果发现环境规制对企业投资行为产生正向影响，但边际影响不断减弱。Taschini 等（2013）基于实验法的研究也表明，环境规制强度的提高，会促使被规制企业将不可逆减排技术投资提前。Greaker 和 Hagem（2014）认为，全球碳排放交易制度改变了发达国家中企业的战略性投资行为，促使企业同时在国内外进行温室气体减排技术的过度投资。Liao 和 Shi（2018）以及 Han 等（2022）则研究发现，地方政府环境规制的增强特别是立法型环境规制强度增加会促使企业增加绿色投资。唐国平等（2013）基于中国A股上市公司数据的实证研究结果表明，环境规制强度与企业环保投资之间呈现"U"形关系，存在门槛效应，在环境规制超过门槛值时，环境规制强度的增加有利于促进企业进行环保投资行为。张琦等（2019）以《环境空气质量标准（2012）》作为准自然实验，发现该标准实施后，企业环保投资有所增加，而且高管具有公职经历企业的环保投资提升程度更是显著高于其他企业。谢东明（2020）基于2011~2019年上市A股重污染企业的研究进一步发现，地方政府提升环境监管水平和国家实施环境垂直监管均能够显著促进重污染企业环保投资的增加。此外，王云等（2020）也发现，环境行政处罚作为一类环境规制工具，在实施过程中能够产生威慑效应，促使同伴企业的环保投资增加。

其次，从环境规制不确定性的角度，Farzin 和 Kort（2000）认为，当污染税的提高时间存在不确定性时，企业将有动机增加减排投资。也有学者认为，在面临不确定性的情况下，如果企业能够取得先动优势从而获取相应的收益，则企业不会选择延迟投资（Doh and Pearce，2004），环境规制不确定性的存在有可能会促进企业投资。Aragón-Correa 和 Sharma（2003）则从企业的"自然资源观"出发，认为在面临环境不确定性时，企业会采取积极主动的环境策略，从而提高企业主动投资的可能性。另外，他们还指出，不确定性分为三类：环境状态的不确定性、组织影响的不确定性以及决策响应的不确定性。Chen 和 Tseng（2011）基于实物期权方法，考虑了清洁技术投资中的可逆性，分析认为可交易许可证由于在实施过程中面临许可价格波动的不确定性，相对于确定的碳排放税，更能刺激企业提前采取清洁技术投资行动。

三、环境规制对企业投资行为的影响不确定性研究

首先，从环境规制的水平角度，Heal 和 Tarui（2010）在将技术溢出和污染物减排作为公共物品考虑的情况下，分析认为，若存在一定程度的技术溢出，企业将会出现创新投资不足。如果技术溢出足够小，并且边际减排成本递增时，企业将会进行过度投资。Saltari 和 Travaglini（2011a）在减排投资可逆的情况下分析认为，环境政策对企业投资的影响依赖于所采取的政策类型：一方面意在控制污染要素使用的修正税政策将会降低资本的边际收益，进而抑制企业减排投资；另一方面意在促进减排投资的补贴政策将会促进企业减排投资。Hultman 等（2012）则通过对巴西和印度制糖和水泥业 82 家清洁发展机制（CDM）企业的访谈研究表明，一些企业管理者在进行 CDM 投资时主要出于非财务、声誉方面的考虑。王书斌和徐盈之（2015）在环境规制与雾霾脱钩效应的研究中分析认为，从理论上看，环境规制会促使企业调整投资运营，或加大绿色技术研发投资，或关闭高污染产能进行类金融投资。也就是说，环境规制可能对不同的投资形态产生不同的影响。

其次，从环境规制不确定性的角度，Hoffmann 等（2009）认为，当面临高度的、不连续的规制不确定性时，企业不一定会做出延迟投资决策。此时，企业有三大投资动机：一是获取能够保持竞争优势的竞争性资源；二是取得能够使企业更好地捕获与其他资源或战略相关的利润的互补资源，如声誉、技术诀窍等；三是减轻来自政府、利益相关者等方面的制度压力。Saltari 和 Travaglini（2011b）

将有关环境政策的不确定性分为两类：一是生态不确定性，主要指对生态系统的演化以及污染累积效应的不确定性；二是经济不确定性，主要指对环境损害以及减排的未来成本和收益的不确定性。基于此，他们构建数理模型分析认为，较高的生态不确定性对企业投资行为存在模糊的、不确定影响，结果依赖于资产折旧率、利率等。Silvia 和 Costa（2012）也认为，环境规制政策的不确定性对企业投资行为的影响具有模糊性，取决于投资的性质和政府规制部门的偏好：在不确定性条件下，当政府规制部门更加关注经济效果时，企业会增加可逆投资；当政府规制部门更加关注环境时，企业则会降低可逆投资。Lopez 等（2017）进一步认为，环境规制对企业减排投资的影响依赖于存在的不确定性的类型，环境规制引发的不确定性会促使企业增大减排投资，而环境规制本身的不确定性对其没有显著影响。

四、研究评价

综上所述，环境规制确实对企业投资行为产生了一定影响，不过这种影响，具有不确定性。原因可能在于，在面对环境规制后，企业所面临的经营环境和经营条件发生变化，此时不同企业对各种类型投资的成本和收益预期会有所不同，进而导致企业投资行为选择产生较大的差异性，使环境规制的经济效应呈现出较大的不确定性。与环境规制的竞争力、创新、FDI 效应的研究比较来看，关于环境规制对企业投资行为影响效应的研究文献则相对不足，还有进一步提升和挖掘的空间。

首先，从国外研究来看，关于环境规制对企业投资行为影响效应的研究分为两大类：一是研究环境规制水平对企业投资行为的影响效应；二是环境规制之下的不确定性对企业投资行为的影响效应。在第一类研究中，以实证研究居多，对于环境规制水平对企业投资行为的影响机理则缺乏系统、全面的阐释。在第二类研究中，环境规制之下产生的不确定性既包括环境规制政策本身的不确定性，也包括经济的不确定性（如减排投资成本和收益的不确定性）等。众所周知，环境污染问题错综复杂，且随着时间推移和空间的变化而变化，环境规制政策本身会进行修订，但何时修订存在不确定性，进而使得环境规制对企业投资行为的影响也会产生较大的不确定性。因此，在本书的研究中需要关注不确定性效应。

其次，与国外的研究相比，国内对环境规制下企业投资行为的研究起步较晚，研究成果也相对较少，不仅没有文献就环境规制对企业投资行为的影响机理进行系统阐释，就环境规制的企业投资行为效应的实证研究文献也较为鲜见。中国作为典型的转型国家，其环境规制政策制定及实施有着与发达国家不同的特点，就中国环境规制的企业投资行为效应进行理论和实证研究能够为这一领域研究提供有一定价值的参考资料。

最后，在环境规制对企业投资行为影响的现有研究中，从投资类型上看，主要集中在污染减排投资和环保投资，较少学者关注其他投资，如建筑物投资、机器设备投资和其他生产性投资等。例如，王书斌和徐盈之（2015）的研究发现，环境规制对企业投资的影响不仅限于污染减排投资，还涉及其他类型投资，如固定资产、无形资产等内部投资甚至类金融的外部投资，也就是说，环境规制对企业投资方向的选择会产生一定影响。因此，在从企业投资行为角度对环境规制经济效应的研究中，本书其中一个研究重点便是关注环境规制的企业投资方向结构效应。

第五节　总结性评述

通过对国内外相关文献的梳理发现，国内外已有较多学者就环境规制政策设计、环境规制的经济效应（包括竞争力、创新、FDI、产业结构调整等方面）在理论和实证上进行了深入探讨，丰富的理论和实证研究成果为本书的研究做了非常好的铺垫，为本书在研究方法的选取、研究指标的确定、研究思路的形成等方面提供了一定的借鉴。目前，针对本书的研究需注意以下几方面的问题：

第一，无论从哪个角度，不管是国内还是国外的研究文献，目前关于环境规制政策工具的选取以及环境规制的经济效应尚未得到一致性的研究结论。有的学者认为环境规制能够带来正向经济效应，特别是环境规制的增强能够促进企业投资规模的扩大；也有一些学者认为严格的环境规制可能带来负向经济效应，环境规制的严格度增加有可能抑制或延迟企业投资；当然，也有学者认为环境规制的经济效应具有不确定性，取决于一系列的条件。鉴于目前关于环境规制的经济效应特别是环境规制的企业投资行为效应研究尚无定论，本书将结合中国的实际情况，对此进行进一步的理论和实证研究。

第二，在理论研究方面，相对而言，国外对环境规制政策设计、环境规制经济效应的理论研究已经较为深入，基于信息经济学、博弈论、制度经济学等相关理论从不同角度构造一系列模型进行探究。然而，关于环境规制影响企业投资行为的机理却尚未提出合适的理论分析框架。因此，本书将基于环境规制理论、企业投资理论、市场结构理论、信息不对称和委托代理理论等，就环境规制影响企业投资行为的机理进行系统且深入的理论阐释。

第三，在实证研究方面，无论是环境规制指标的选择，还是经济效应指标抑或是企业投资指标的选择都应该更加慎重。目前，虽然学术界对环境规制的经济效应在理论上基本达成一致，但实证研究文献之所以没有得到一致性的结论与指标设计的差异不无关系。因此，本书将针对中国实施环境规制的实际情况，深入分析各种环境规制衡量指标的优劣势及可行性，从中选取合理而恰当的环境规制指标进行实证研究。而且，企业投资指标的选取也存在类似的问题，为保证实证检验结论的可靠性，在稳健性检验中，本书也将调整企业投资指标再次进行分析。

第四，环境规制的经济效应特别是环境规制的企业投资行为效应呈现较大的差异性与各种异质性因素存在一定关联，比如企业自身的特征因素（包括企业规模差异、所有制差异、财务能力差异、行业特征差异等）、环境规制工具的选择因素、政府的监管和执法力度因素、政府和企业策略性行为因素等。如果没有在研究中引入这些异质性因素，可能会使得研究结论以及相关的政策建议针对性不强。因此，为使本书的研究结论更具有效性和针对性，在对环境规制的企业投资行为效应的理论和实证研究中将充分考虑这些异质性因素。

第五，从国内关于环境规制的经济效应的实证研究来看，许多研究（环境规制的竞争力效应、FDI 效应、产业结构调整效应等）采用的是地区（省级或城市）数据或者工业细分行业数据，而使用微观企业数据的研究（多集中在环境规制与企业投资行为方面）相对不足。然而，地区或行业数据存在的加总问题可能会掩盖环境规制对微观企业的真实经济效应。因此，考虑到代表性和数据的可得性，本书将以工业上市公司为研究对象，就环境规制的企业投资规模以及投资结构效应进行实证研究，期望从微观角度得到更加细致的研究结论。

第三章　环境规制影响企业投资行为的理论模型

第二章对企业投资理论、环境规制政策设计、环境规制经济效应特别是环境规制与企业投资行为的相关研究进行了梳理，这为本书的进一步研究做了很好的铺垫。如前文所述，环境规制的经济效应有多个方面的体现，如创新、竞争力、FDI、产业结构调整、企业投资行为等。其中，企业投资行为是环境规制经济效应的重要微观体现，是经济效应产生的重要途径。与环境规制在其他方面的经济效应相比，环境规制的企业投资行为效应既存在一些共通之处，同时也由于企业投资行为选择中考虑问题的角度不同而呈现出一定的差异性。本章将基于现有研究以及中国环境规制的现实基础，构建环境规制影响企业投资行为的理论分析框架，着重对环境规制的企业投资规模以及企业投资结构效应及其作用机理进行分析，并基于环境规制、行业和企业规模的异质性进一步探究效应的差异来源，为后面章节的实证研究奠定理论基础。本章的分析思路遵循环境规制—企业投资行为选择—企业投资行为结果，即分析环境规制如何通过影响企业投资行为选择进而影响企业投资行为结果，而企业的投资规模和结构恰恰是投资行为结果的重要表现。

第一节　中国环境规制的现实基础考察

本节将从中国环境规制政策的历史演变、环境规制水平的现状与特征层面，综合考察中国环境规制影响企业投资行为的现实基础，是全书理论和实证研究的现实出发点。

一、中国环境规制政策的历史演变

1972 年 6 月，中国派代表团参加了在斯德哥尔摩召开的联合国人类环境会议，会议通过了《人类环境宣言》，引起世界各国包括中国对环境问题的重视。于是在 1973 年，中国召开了第一次全国环境保护会议，通过了第一个环保文件《关于保护和改善环境的若干规定（试行草案）》。此后至今，中国共召开了八次全国环境保护大会，制定了多项方针、政策和具体制度。最近的一次是 2018 年 5 月召开的第八次全国生态环境保护大会，会上习近平总书记强调，要加大力度推进生态文明建设、解决生态环境问题，坚决打好污染防治攻坚战，推动我国生态文明建设迈上新台阶。在此期间，中国的环境规制政策经历了一个不断深入与完善的发展历程。

中国环境规制政策的发展大体可以分为四个阶段（李勇进等，2008）：20 世纪 70 年代的环境政策起步构建阶段、20 世纪 80 年代的框架体系形成阶段、20 世纪 90 年代的战略转变阶段以及 21 世纪以来的政策体系日趋完善阶段。

20 世纪 70 年代，中国环境规制政策的理念是强调点源局部环境治理，特别关注工业"三废"治理和环境保护规划的编制。这一阶段提出了中国第一个环境保护战略方针——"32 字方针"，即"全面规划、合理布局、综合利用、化害为利、依靠群众、大家动手、保护环境、造福人民"。此外，中国于 1978 年在《中华人民共和国宪法》中首次对环境保护做出规定，并于 1979 年颁布了中华人民共和国成立后第一部综合性环境保护基本法，即《中华人民共和国环境保护法（试行）》。在这一阶段，中国提出了环境保护的"老三项制度"：环境影响评价制度、"三同时"制度以及排污收费制度。

20 世纪 80 年代，中国开始强化环境管理，对污染进行综合防治，并逐步形成了环境规制政策的框架体系。在这一时期，中国提出了"三大政策"和"新五项制度"，其中"三大政策"分别是"预防为主、防治结合""谁污染，谁治理""强化环境管理"。"新五项制度"则包括"环境保护目标责任制""城市环境综合整治定量考核制度""排污许可证制度""限期治理制度""污染集中控制制度"。需要指出的是，1983 年召开的第二次全国环境保护会议宣布保护环境是我国的一项基本国策。在这一时期，中国的环境规制政策开始强调法制化管理，先后出台了许多环境保护单行法，如 1982 年出台的《中华人民共和国海洋环境保护法》、1984 年出台的《中华人民共和国水污染防治法》等。1989 年 12 月，《中华人民共和国环境保护法》正式颁布。

20 世纪 90 年代，中国转变传统的环境保护战略，于 1992 年出台的《环境与发展十大对策》中明确实施可持续发展战略，并在 1994 年发布的《中国 21 世纪议程》中确定了可持续发展总体战略与政策。1996 年 7 月召开的第四次全国环境保护会议进一步指出保护环境是实施可持续发展战略的关键，并确定了"坚持污染防治和生态保护并重"的方针。在污染防治方面，中国提出了"三大转变"，即从侧重末端治理转变为生产的全过程控制、从侧重浓度控制转变为浓度与总量控制相结合、从侧重分散的点源治理转变为集中控制与分散治理相结合。此外，在这一阶段，中国开始重视激励型环境规制工具的使用，如进一步完善排污收费制度的使用、推动排污许可证制度试点工作等。而且自愿型环境规制也开始推行，1994 年，中国成立了环境标志产品认证委员会，在全国推行 ISO14000 环境管理系列标准。

21 世纪以来，中国强调"科学发展观"，将节约资源和保护环境作为基本国策，推动生态文明和资源节约型、环境友好型社会建设，推进循环发展和绿色发展，促进生产生活方式绿色转型，提高能源资源利用效率，降低污染物排放，持续改善生态环境，努力实现"美丽中国"的建设目标。在这一阶段，中国的环境规制政策体系日趋完善，政策手段也更加灵活和丰富。为使环境规制法律法规更加符合不断变化的实际，中国对环境规制法律进行了一系列修订。例如，《中华人民共和国环境保护法》于 2014 年进行了修订；《中华人民共和国大气污染防治法》分别于 2000 年和 2015 年进行了两次修订；《中华人民共和国固体废物污染环境防治法》分别于 2004 年和 2020 年进行了两次修订；《中华人民共和国水污染防治法》于 2008 年进行了修订。此外，我国还出台了一系列相关法律法规，例如，2002 年出台了《中华人民共和国清洁生产促进法》，并于 2012 年进行了修正；2002 年还出台了《中华人民共和国环境影响评价法》，并分别于 2016 年和 2018 年进行了两次修正；2008 年出台了《中华人民共和国循环经济促进法》，并于 2018 年进行了修正；2016 年 12 月通过了《中华人民共和国环境保护税法》。在加强环境立法的同时，中国也不断加大环境执法力度。据生态环境部通报，仅 2021 年上半年，全国共下达环境行政处罚决定书 5.52 万份，罚没款数额总计 43.32 亿元，案件平均罚款金额 7.84 万元。此外，国家还出台了一系列环境经济政策，包括产业发展政策、环境信用制度、环境财政政策、排污权交易政策、碳排放权交易政策、绿色采购政策、绿色税费政策、绿色信贷政策、环境污染责任保险政策、生态补偿政策等。

综上所述，中国环境规制政策的演变过程经历了末端治理和局部点源治理—综合防治—生产的全过程控制—清洁生产和循环发展，坚持走可持续发展道路，大力推进生态文明建设。环境规制工具也更加多样化，更具灵活性，从单纯依靠命令与控制型环境规制工具向多种政策工具并用转变，而且更加强调企业和普通公众在环境规制政策实施过程中的作用。

二、中国环境规制水平的现状与特征

了解中国环境规制的发展现状与特征是研究环境规制的企业投资行为效应的一大前提。在中国，环境规制政策经过几十年的发展，目前环境规制水平呈现出以下特征：

（一）整体环境规制水平不断深化

1. 污染治理投资总体呈增加态势

如第一章绪论中所述，从环境污染治理投资总额来看，2001～2017 年，中国环境污染治理投资总体上呈增加态势，占 GDP 的比重也由 1.00% 增长至 1.15%。环境污染治理投资包括工业污染源治理投资、建设项目"三同时"环保投资、城市环境基础设施建设投资三个组成部分。其中，工业污染源治理投资和建设项目"三同时"环保投资主要针对污染治理，而城市环境基础设施建设投资主要用于企业和居民的公共服务设施的建造（赵连阁等，2014），因此，接下来本书将着重考察工业污染源治理投资的变化趋势。如图 3-1 所示，

2001~2019 年，中国工业污染源治理投资额虽然呈现出一定的波动性，但进入"十二五"后，其呈现出快速增长的态势，特别是《大气污染防治行动计划》印发实施的 2013 年，工业污染治理投资相对于 2012 年增长近 70%，2014 年工业污染源治理投资额更是达到近年来的最高值，为 997.65 亿元。之后，虽然每年的工业污染治理投资额有所下降，但仍然持续维持在相对高位，年投资额均在 600 亿元以上。

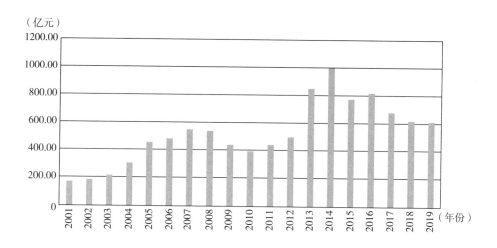

（亿元）

图 3-1　2001~2019 年中国工业污染源治理投资额走势

资料来源：笔者根据国家统计局网站发布的数据整理。

2. 地方性环保法规和行政规章总体呈增加态势

除国家环境保护法律以及环境保护行政法规外，在环境保护法律体系中，还有一个重要组成部分，那就是地方性环保法规和行政规章。地方性环保法规和行政规章往往是结合本地区实际和本地区特有的环境问题制定和实施的，更具实施的针对性。2001~2017 年，中国每年颁布的地方性环保法规和行政规章数量呈现出较大的波动性。进入 21 世纪以后，中国出现了一次地方环境立法的小高潮，特别是 2002 年，全国地方性环保行政规章颁布数量高达 83 项，而地方性环保法规的颁布量则在 2006 年达到高峰为 38 项。不过，之后的几年每年地方性环保法规和行政规章的颁布数量有所下降。进入"十三五"以后，当年颁布的地方性环保法规数量再次呈快速增长趋势，特别是地方性环保法规颁布数量在2017年达到了91项（见图3-2）。2017年，现行有效的地方性环保法规和行政规章总数分别达到480项和318项。

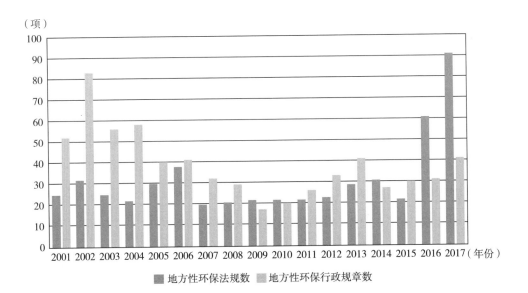

图3-2　2001~2017年中国地方性环保法规和行政规章数量

资料来源：笔者根据历年《中国环境年鉴》整理所得。

（二）工业污染治理投资和运行费用强度存在地区差异

中国幅员辽阔，不同地区的自然资源禀赋、生态环境状况及其容量等基础条件存在较大不同，加之经济社会发展水平的不平衡，使得中国的环境规制呈现明显的地域差异性。《国家环境保护"十二五"规划》也指出要坚持因地制宜，在不同地区和行业实施有差别的环境规制政策。如表3-1所示，环境规制的地区差异性首先体现在各地区的工业污染治理投资（包括工业污染源治理投资和"三同时"环保投资）强度及其运行费用强度呈现出较大差别。

由表3-1可以看出，首先，2007~2015年，北京和天津的平均工业污染源治理投资强度远远高于其他地区，江西、湖南、青海、重庆等中西部省份的工业污染源治理强度则相对较低。其次，从建设项目"三同时"环保投资强度看，东部发达地区北京、上海、浙江、天津、江苏的投资强度最高，表明东部发达地区对污染防治的重视，从项目建设伊始便强调环境保护；中西部地区甘肃、河南、宁夏的投资强度最低。最后，从工业污染治理运行费用强度看，情况与前两类投资强度类似，东部发达地区北京、上海、天津的投资强度较高，而西部地区的新疆、宁夏的强度较低。综合来看，中国东部地区的工业污染治理投资强度和运行费用强度排名比较靠前，而中西部地区排名较为靠后，这种差异的存在可能会对地区经济发展、企业行为等产生较大影响。

表 3-1　2007~2015 年中国各地区经济型环境规制平均强度

单位：亿元/污染物排放综合水平[a]

地区	工业污染源治理投资强度	建设项目"三同时"环保投资强度	工业污染治理运行费用强度
北京	15.50	92.40	36.68
天津	10.60	24.05	20.68
河北	3.88	11.09	17.50
山西	5.61	9.01	12.93
内蒙古	4.33	9.36	7.86
辽宁	3.34	16.05	12.45
吉林	2.92	8.04	6.31
黑龙江	2.98	9.15	13.97
上海	7.66	50.23	36.20
江苏	4.73	22.99	19.92
浙江	4.99	25.09	18.28
安徽	2.71	13.53	12.05
福建	7.66	14.43	13.13
江西	2.04	7.68	9.57
山东	8.44	16.58	17.99
河南	3.13	5.76	9.04
湖北	3.59	8.62	10.91
湖南	2.18	8.44	6.41

续表

地区	工业污染源治理投资强度	建设项目"三同时"环保投资强度	工业污染治理运行费用强度
广东	4.20	14.32	17.48
广西	2.55	8.19	7.25
海南	4.17	18.64	19.28
重庆	2.25	14.27	9.02
四川	2.77	10.79	12.53
贵州	3.68	6.36	11.59
云南	4.16	13.45	11.00
陕西	4.82	6.45	6.31
甘肃	3.78	5.73	7.88
青海	2.24	7.50	6.24
宁夏	2.78	6.16	5.87
新疆	2.44	8.13	5.26

注：a. "污染物排放综合水平"的相关计算过程见第四章第一节的相关介绍。

资料来源：笔者根据历年《中国环境年鉴》计算整理。

（三）地区间环保机构及人员规模存在不平衡性

除了工业污染治理投资和运行费用强度存在地区差异外，在一定程度上反映环境执法力度的环保机构以及环保系统人员的数量在各地区间的差距也开始显现。

若以每百个工业企业的环保机构数量来看，2007～2015 年，黑龙江、河北、浙江等省的环保机构相对数量较大，而陕西、湖南、宁夏、四川等地区的环保机构相对数量则较少。若从每个工业企业的环保系统人员数量来看，辽宁、浙江、河北等省的环保系统人员相对规模较大，而宁夏、海南、湖南、陕西等地区的环保系统人员相对规模较小（见表 3-2）。综合来看，环保机构和环保系统人员相对规模并没有呈现明显的地域特征，与所在地域的工业企业执法监管需要以及历史因素可能存在一定的关系。

表3-2 2007~2015年中国各地区执法管制型与立法管制型环境规制平均水平①

地区	平均每百个工业企业的环保机构数（个）	平均每个工业企业环保系统人员数（人）	现行有效的地方性环保法规总数（项）	现行有效的地方性环保行政规章总数（项）
北京	5.95	1.00	2	1
天津	6.68	0.68	4	8
河北	11.51	1.32	15	13
山西	3.29	0.79	30	5
内蒙古	8.05	0.75	20	9
辽宁	7.00	1.35	24	15
吉林	2.73	0.44	15	9
黑龙江	12.96	0.97	13	15
上海	5.14	1.05	3	9
江苏	6.04	0.45	46	59
浙江	10.99	1.34	32	17
安徽	3.15	0.84	20	9
福建	9.58	0.77	10	9
江西	10.19	1.11	8	3
山东	2.66	0.42	26	10
河南	10.08	0.83	14	12
湖北	5.92	1.16	40	24
湖南	2.40	0.37	16	5
广东	10.11	1.05	37	8
广西	4.45	0.92	7	3
海南	7.34	0.34	3	4
重庆	7.09	0.89	11	3
四川	2.44	0.81	4	0
贵州	8.88	0.76	23	9
云南	6.88	0.88	11	21
陕西	1.63	0.39	16	9
甘肃	7.64	0.51	11	10
青海	5.61	1.11	2	2

---

① 现行有效的地方性环保法规和行政规章数据截至2017年底。

续表

地区	平均每百个工业企业的环保机构数（个）	平均每个工业企业环保系统人员数（人）	现行有效的地方性环保法规总数（项）	现行有效的地方性环保行政规章总数（项）
宁夏	2.43	0.31	6	2
新疆	8.38	1.16	6	9

资料来源：笔者根据历年《中国环境年鉴》计算整理。

（四）各地区地方性环保法规和行政规章数量呈现较大差距

如表3-2所示，截至2017年底，各地区地方性环保法规和行政规章的数量也呈现出较大差距。其中，江苏省现行有效的地方性环保法规数量最多，达到46项，其次是湖北、广东、浙江、山西，均在30项及以上；而北京、青海、上海、海南等省市的现行有效环保法规数量在3项及以下。

此外，江苏省的现行有效环保行政规章数量也是最多的，达到了59项；湖北、云南、浙江、辽宁和黑龙江等省份的现行有效环保行政规章数量也相对较多，在15项及以上；而四川、北京、青海、宁夏、广西、江西等省份的环保行政规章数量相对较少，在3项及以下。

在这些省份中，江苏、浙江、广东等经济发达省份由于改革开放后快速的经济增长带来了较大的污染负面效应，这些省份往往倾向于采取更为严格的环境立法监管。其中，国家老工业基地之一的湖北、传统资源开发利用大省的山西、东北老工业基地的辽宁和黑龙江、"有色金属王国"的云南，资源型和高耗能行业在其产业结构中均占比较大，因而污染物排放也相对较高，在这种情况下，这些地区为治理污染、保护生态环境出台了较多的环保法规和（或）行政规章。

第二节　环境规制的企业投资规模效应及其作用机理

如前文所述，有关环境规制对企业投资行为影响的理论和实证研究都没有得到一致的结论，这可能正是投资效应本身的不确定性所导致的。不过，环境规制确实能够对企业投资行为，包括污染减排投资、生产性投资（如建筑物投资、机器设备投资）行为等产生一定影响。一般而言，企业投资行为选择受诸多因素影响，这些因素可以分为内部因素和外部因素两大类，其中内部因素主要包括企业融资因素、经营状况与风险因素、股权结构因素等，外部因素则主要指经济环境、政府政策因素等。环境规制作为一种政府微观规制政策，是影响企业投资行为选择的重要外部因素之一。那么，环境规制是如何影响企业投资行为选择进而产生不同的投资行为结果的？为回答这一问题，本节及下一节将从企业投资规模和投资结构的角度出发，深入剖析环境规制的企业投资行为效应及其作用机理。

Leiter 等（2011）曾指出，环境规制与企业投资行为之间的关系较为复杂，环境规制对企业投资行为的影响主要取决于环境规制给企业投资带来的成本与收益的比较分析。因此，在剖析环境规制的企业投资规模和投资结构效应及其作用机理的过程中，本书将重点关注两个问题：一是环境规制通过哪些渠道、如何影响不同企业投资的成本与收益，进而影响企业投资行为选择；二是环境规制之下，企业的反应及可能采取哪些策略性行为，这些策略性行为又如何进一步影响企业投资行为选择。

一、成本效应

政府进行环境规制的目的是调节企业经济活动，促使企业减少污染物排放量。在政府的环境规制政策之下，企业所面临的首要问题便是直接生产成本增加，显然这对企业投资规模的扩大是不利的。

首先，在环境规制之下，企业进行新的实业项目投资时，所需投入的成本增加，需要在原定实业投资金额的基础上增加防治污染的支出。此时，企业往往有以下几种行为选择：一是保持原有环保性能的机器设备投资，并增加末端污染治理设施投资以降低污染物排放；二是增加投资支出进行生产工艺和生产流程调整，以达到降低污染物排放、实现清洁生产的目的；三是企业不增加任何污染治理支出，但承受缴纳一定的排污费或者购买排污权，这也会增加企业的投资支出；四是从要素投入的角度考虑，企业可以使用污染较低的要素替代污染较高的要素以降低污染物排放量，而污染较低的要素往往价格更高，这同样会增加企业支出；五是企业特别是大型企业以寻租或者游说的方式影响政府的环境规制政策，这也会增加企业支出。综上所述，这些由于遵从环境规制而给企业新增实业投资带来的额外的成本负担，统称为遵从成本。然而，为了满足环境规制的要求，企业所投入的各种人力、物力、财力以及技术资源等不会产生直接的生产价值，这样遵从成本的增加会导致预期投资利润的降低，最终对企业投资行为产生不利影响。

其次，在环境规制之下，对于企业的原有生产而言，为降低污染物排放量，同样需要采取上述方法中的一种或几种，这会导致企业整体的遵从成本增加，在产品供需状况基本不变的情况下，必然会导致企业的经营利润降低。一方面，企业经营利润的降低会使得企业内部融资能力下降，可用于投资的内部资金减少。如前文企业投资理论所述，无论企业此时扩大股权融资还是债权融资，由于信息不对称和委托代理问题的存在，股票市场投资人或债权人均会充分考虑融资契约中存在的代理冲突以及企业的道德风险行为，从而使得企业要么融资成本增加，要么难以获得足够的资金规模，这在一定程度上将抑制企业投资规模。另一方面，在企业可使用资金数量一定的情况下，企业遵从成本的增加可能会挤出生产性投资，从而导致产量和利润进一步降低，对企业投资规模产生进一步的抑制作用。环境规制影响企业投资规模的成本效应如图3-3所示。

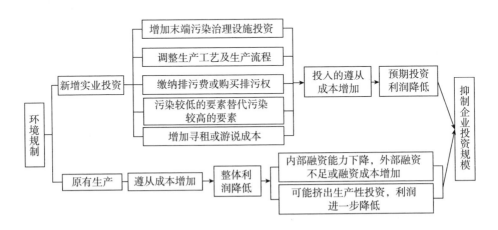

图3-3 环境规制影响企业投资规模的成本效应

二、创新补偿效应

在环境规制之下，当预期遵从成本将增加时，企业会做出一定的反应。企业做出的第一个反应便是考虑进行创新。Porter 和 Linde（1995）基于动态比较优势，提出严格且恰当设计的环境规制能够激发企业的技术创新，刺激企业采用创新性的清洁生产技术。企业的这种创新活动不仅能够降低遵从成本，而且能够创造新产品或提高资源的利用效率，从而形成相对于不受环境规制约束企业的竞争优势，这就是所谓的"创新补偿"。进一步地，波特（Porter）指出，创新补偿可以分为两大类：产品补偿和过程补偿。其中，产品补偿是指在环境规制之下，企业研发出清洁型新产品，这种新产品往往成本更低和（或）价格更高，从而给企业带来创新补偿收益。比如，尽量减少包装材料、研发出污染少的新型原材料、使得产品使用后对环境的破坏更少或更加易于再循环等。过程补偿则是指在环境规制之下，企业将努力提高生产过程中的资源利用效率以及过程收益。比如，将某种（些）投入要素循环利用、更好地利用副产品、降低能源消耗等。此外，"创新补偿"的实现还可能来自企业的先动优势，先行研发出的清洁型新产品可以迅速占领国内外市场，从而获得更多创新补偿收益。

虽然"波特假说"主要关注环境规制和创新，但是"创新补偿"的观点也可以用于环境规制与企业投资行为关系的研究，因为企业的创新活动和投资密切相关。在实际中，"创新补偿效应"的发挥取决于环境规制遵从成本与创新补偿收益之间的比较，如果企业认为创新补偿收益足够高，足以弥补遵从成本，那么此时环境规制成为一个外部环境刺激，为企业创造了投资机会，使企业选择进行技术研发投资以及其他形式的投资，导致环境规制对企业投资规模的扩大产生正向影响。然而，如果环境规制遵从成本太高，以致创新补偿收益难以弥补遵从成本，此时企业将没有动力进行技术研发投资，进而对企业总的投资规模产生负向影响。

此外，在环境规制政策的制定和实施过程中，政府和企业间会发生博弈，这也会影响企业的创新及投资行为。因此，在创新补偿效应中还需关注"激励倒错"（Perverse Incentives）现象（巴利·C. 菲尔德和玛莎·K. 菲尔德，2010）。

在环境规制之下，企业除权衡创新补偿收益与遵从成本外，还会考虑如果研发出新技术后，政府是否会进一步提高环境规制水平。如果企业预期在其实现技术创新后政府会调高环境规制水平，则会严重打击企业进行技术研发投资的积极性，从而对整体企业投资行为也产生一定的负面影响。

综上，环境规制影响企业投资规模的创新补偿效应如图3-4所示。

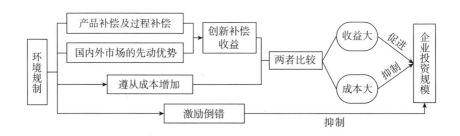

图3-4 环境规制影响企业投资规模的创新补偿效应

三、区位选择效应

在环境规制之下，当预期遵从成本增加时，企业除了做出技术创新的反应外，还可能做出调整区位选择的反应。Jaffe等（1995）认为，环境规制能够通过两个途径影响企业投资行为，分别是FDI以及国内企业的选址决策。也就是说，环境规制能够影响企业的区位选择，在环境规制强度增加时，企业既可以选择在国外投资，也可以选择在本地区或国内其他地区进行投资。那么，环境规制如何影响企业的区位选择呢？

第一，在环境规制对FDI影响效应的研究中提出的"污染避难所效应"能够为受环境规制影响的企业的区位选择提供理论依据。"污染避难所效应"认为，企业特别是污染密集型企业倾向于在环境规制政策宽松的国家或地区进行投资，环境规制政策宽松的国家或地区最终将成为污染密集型企业的"污染避难所"。基于"污染避难所效应"，本书认为，当一个国家的各个地区实行不同强度的环境规制时，在环境规制强度低的地区，有关企业承担的环境遵从成本相对较小，在假定其他条件均相同的情况下，这些企业在该地区总的生产成本也会相对较低。以德国经济学家韦伯为代表的工业区位论早就指出，生产成本和运输费用是影响工业企业区位选择的基本因素之一。因此，企业在环境规制强度低的地区的生产经营将具有成本优势，此时企业倾向于选址在此。反之，在环境规制强度较高的地区，有关企业，特别是高污染企业将选择逃离该地区，逃至环境规制强度较低的国内其他地区乃至其他国家进行投资。从这个意义上看，一个地区的环境规制对企业投资规模将产生负面影响。

第二，不同地方政府之间以及政府与企业之间关于环境规制博弈活动的存在将影响企业投资的区位选择。首先，根据环境标准"逐底竞争假说"（Race-to-the-Bottom Hypothesis），在一个国家内部，不同地方政府往往竞相制定更低的环境标准来吸引企业投资，实现地区经济增长。这一观点是在"囚徒困境"的逻辑基础上提出来的。虽然对于两个地区而言，实行较高的环境标准对地区的未来发展最有益，但在环境标准制定过程中，两个地方政府将进行博弈，由于降低企业环境标准可能吸引企业投资，双方都担心对方会降低环境标准以获取更大收益。因此，为了维护本地区的经济增长，两个地区都将采取次优的策略——制定较低的环境标准，即产生环境标准逐底现象。其次，在地方政府与企业之间，当地方政府发现企业投资增速减缓，特别是出现投资外流甚至考虑迁址时，地方政府为了达到经济增长目标，将选择放松环境规制要求，以将企业留在本地。从这个意义上看，环境规制不仅会对企业投资规模产生直接的负面影响，还有可能通过上述两种途径对企业投资规模产生进一步的间接影响。

第三，根据"要素禀赋假说"（Factor Endowment Hypothesis），丰裕的（自然）资源能够提高企业的生产可能性。因此，企业为了能够从丰裕的投入要素（自然资源）使用中获益，只要禀赋收益超过相应的环境规制遵从成本，企业将会选择承受较为严格的环境规制。此时，环境规制与企业投资规模之间将呈现正相关关系。然而，当环境规制的遵从成本相对较高，以致禀赋收益难以弥补时，环境规制将对企业投资规模产生负面影响（Antweiler et al.，2001；Leiter et al.，2011）。

综上所述，环境规制是否影响企业投资的区位选择，取决于一个地区的环境规制遵从成本以及要素禀赋收益如何改变潜在区位的吸引程度。环境规制影响企业投资规模的区位选择效应如图 3-5 所示。

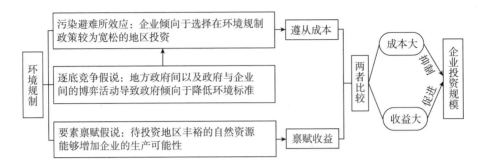

图 3-5　环境规制影响企业投资规模的区位选择效应

四、市场势力效应

萨缪尔森（2001）指出，市场势力是某一个或一组企业控制某一行业价格和生产决策过程的能力。在环境规制强度增加时，由于进入和退出壁垒的变化，企业的市场势力也会有所变化，进而对企业投资行为产生一定影响。

（一）环境规制对企业市场势力的影响

环境规制可以通过以下两个途径对企业的市场势力产生影响：

第一，环境规制提高了行业的进入壁垒，进而提高了在位企业的市场势力。首先，根据贝恩和波斯纳提出的观点，进入的必要资本量是构成进入壁垒的重要因素之一。一般而言，进入的必要资本量越大，新企业进入该行业所需筹集的资金就越多，从而进入的难度也相应增大。在环境规制之下，一方面，新进入企业需要对污染治理设备进行投资，这将导致新企业进入必要资本量的增加；另一方面，新进入企业由于经营前景的不确定性而被迫在借款时支付比在位企业更高的风险费用，这也将导致新进入企业必要资本量的增加，这两种因素的存在均可能阻碍新企业的进入。Helland 和 Matsuno（2003）的实证研究也已证实，环境规制由于造成了较高的遵从成本，的确构成了新企业进入的壁垒。其次，根据鲍莫尔的观点，沉没成本也是进入壁垒的构成要素之一。沉没成本越高，意味着新企业在投资失败时将有更多的成本无法收回。在环境规制之下，所投资的污染治理设备的资产专用性更高，更容易产生较高的沉没成本，从而进一步加大了新企业进入的难度。再次，贝恩曾指出，在位厂商的绝对成本优势也构成一种进入壁垒，其中，学习曲线效应是构成绝对成本优势因素之一。在环境规制之下，较有经验的在位企业相对于新企业能够发现更多的降低污染、提高资源利用效率的方法，从而也会增大新企业的进入难度。最后，相对于在位企业，环境规制部门对新进入企业施加的环境规制标准往往更加严格，这虽然在一定程度上有利于保护在位企业的生存能力，从一个地区或国家全局考虑来降低环境污染，但实际上也构成了新企业的进入壁垒，这被称为"祖父"规则（Stewart，1981）。

第二，环境规制降低了企业的退出壁垒，从而有利于提高现存企业的市场势力。环境规制强度的提高对企业群体而言是一种强制性的"洗牌"，优胜劣汰。若企业能够承受遵循成本的增加或采取一系列措施取得补偿效应，如进行技术创新、调整经营所在地等，则该企业生存下来。反之，若企业无法承受环境规制带来的遵从成本提高，也无法通过上述措施在一定程度上补偿成本的提高，则该企业将退出市场。特别是当政府采取"关停并转"的环境规制政策时，会直接以行政命令强制重污染企业退出市场。在"劣质"企业退出的情况下，行业内企业数量有所下降，现存企业的市场势力得到增强。

（二）市场势力的提升对企业投资行为的影响

如前文所述，在环境规制之下，企业的进入壁垒提高而退出壁垒降低，有利于提高市场集中度，提升企业的市场势力。市场势力的提升将进一步促使企业投资行为发生一定的变化。

首先，企业市场势力的变化将影响当前及未来的盈利，从而对企业的投资支出规模产生影响。若企业的市场势力提高，一方面，由于企业经营风险主要源于需求因素而不是竞争因素，产品或服务的价格比较稳定（徐一民和张志宏，2010），企业当前的总体盈利水平会相应提高，此时企业可以拥有或取得更多的资源用于投资。另一方面，企业市场势力的提高有利于增强其对产品价格的控制力，从而有利于降低收益的不确定性，提高未来的盈利预期。根据新古典企业投资理论，企业的投资决策将遵循"NPV原则"，当投资的边际收益高于边际成本，企业将投资于NPV为正的项目。而未来盈利预期的提高使得具有投资价值

（NPV 为正）的项目增多，进而促使企业增加当期投资支出的规模。因此，从这个角度来看，企业的市场势力与投资支出规模呈正相关关系。

其次，从行业中企业间博弈的角度，市场势力提高的企业可能基于战略考虑，为进一步巩固和加强自己的市场势力并震慑新竞争者的进入，而倾向于采用"先入为主"的"猛犬"（Top Dog）策略（章琳一和张洪辉，2015），不断扩大投资支出规模。

最后，从股东和经理间信息不对称和委托代理关系的角度，在企业市场势力有利于提高盈利水平的情况下，企业市场势力的提高可能会使其经理的经营业绩压力降低，其努力程度更加不容易被识别，从而使得股东对经理进行监督的难度加大。此时，企业经理可能为了追求自身收益，比如"帝国建设"带来的地位、权力、报酬等，选择净现值为负的项目进行过度投资，而并不会选择发放股利（Jensen and Murphy，1990）。

综上，环境规制影响企业投资规模的市场势力效应如图 3-6 所示。

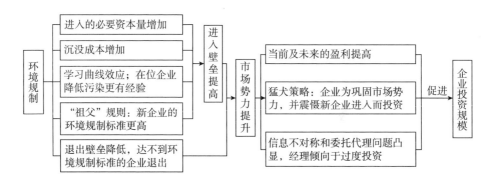

图 3-6 环境规制影响企业投资规模的市场势力效应

五、不确定性效应

如文献综述中所指出，不仅环境规制本身具有不确定性，如环境规制的调整时机以及调整强度的大小，而且环境规制之下，企业的成本收益预期也将面临较大的不确定性。而不确定性的存在将会通过以下几个方面影响企业投资行为：

第一，根据传统期权及实物期权理论，企业进行期权类金融投资以及实业投资时具有一种选择权，而这种投资选择权是具有价值的。在不确定性环境下，企业面临一个投资机会时，需确定在当期执行该选择权，还是在未来某一时点执行该选择权。不确定性的上升往往能够提高企业投资等待的期权价值，所以企业此时将更加谨慎地选择延迟投资，等待新信息出现。虽然延迟投资也存在成本，如其他企业先行投资的风险，但是等待新信息产生的收益往往远远超过这种成本。也就是说，在环境规制下这种不确定性的存在会对企业当期投资支出规模产生抑制作用。

第二，从企业管理层行为的角度，首先，环境规制之下不确定性的上升增加了管理层对投资项目进行准确评估的难度，此时，管理层为了避免投资失败而在投资时会更加谨慎；其次，不确定性的上升往往使得企业未来发生突发事件的可能性相应增加，此时企业倾向于留存更多的现金以备不时之需，这将导致企业投资支出规模的降低（申慧慧等，2012）。

第三，从企业与投资人、企业与债权人、股东与管理层之间的信息不对称和代理冲突角度，一方面，在环境规制之下，不确定性的增加将使得企业与投资人和债权人间的信息不对称问题变得更为严重（Ghosh and Olsen，2009），投资人和债权人对企业未来的投资回报以及现金流的预测难度加大，此时投资人往往倾向于将股价向下打一个折扣，债权人倾向于要求更高的利率作为风险补偿，因此导致企业的融资成本加大，这对企业投资支出将产生负面影响。另一方面，不确定性的上升将增加股东与管理层之间的代理冲突，在不确定性条件下，股东对管理层行为进行监督的难度增大，较容易掩盖管理层投资失败的责任，因此，这将加大管理层为了自身利益而进行高风险投资的动机（林钟高等，2015）。从这个角度来看，环境规制之下的不确定性可能通过代理冲突促进企业投资规模的扩大。

第四，从"自然资源观"（Natural Resource-based View）角度，在存在不确定性时，企业管理层会基于自身的资源和能力，倾向于采取更加积极主动的环境管理策略，承担更大的风险。因为在不确定性条件下，企业管理层在管理方面的自由裁量权更大，采取主动策略的选择和机会也更多。这样，不确定性的增加可能促进企业主动投资的增加（Aragón-Correa and Sharma，2003）。

第五，从投资动机的角度，如果企业投资能够使得企业获取保持竞争优势的竞争性资源以及声誉、技术诀窍等能够促使企业提高利润的互补类资源，或者能够减轻政府或者利益相关者等方面的制度压力，那么企业会选择提前进行投资而非延迟投资（Hoffmann et al.，2009）。

综上所述，环境规制影响企业投资规模的不确定性效应如图3-7所示。

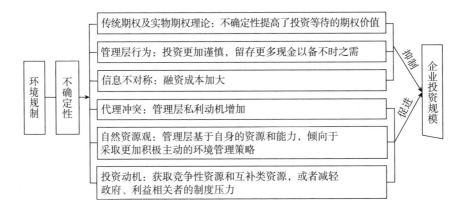

图3-7 环境规制影响企业投资规模的不确定性效应

六、利益相关方效应

企业有许多利益相关方，如消费者、政府、投资者和债权人、普通公众等。在环境规制之下，不同利益相关方做出的反应各异，对企业投资行为产生的影响也有所不同。

第一，从消费者的角度，随着环境规制日趋严格以及全社会对环境问题的日益关注，在其他条件相同时，许多消费者开始倾向于购买环境友好型产品，并愿意为其支付更高的价格。在这种情况下，企业可以通过生产环境友好型产品来实现产品差异化，进而通过提高销售价格或销售量获取产品差异化收益。

第二，从政府的角度，环境友好型企业往往能够得到更多的政府支持，进而可以享受政府各项优惠政策，典型的如税收优惠政策。而且，环境友好型企业的经营具有正外部性和公益性，政府作为环保责任的主体，理应对这类企业的发展进行大力扶持。

第三，从投资者和债权人的角度，在环境规制之下，环境友好型企业往往被认为经营风险更低，企业也更具发展前景，未来将发展成为大多数国家的支柱产业，因而会更受投资者和债权人青睐，更加容易以较低的成本获得融资。

第四，从普通公众的角度，在政府环境规制制定和实施过程中，他们充当了重要监督者的角色，环境质量的好坏直接关乎普通公众的身心健康。在政府环境规制中，普通公众的参与十分重要。由于企业污染行为常常具有分散性和隐蔽性，且政府与污染企业间往往存在较为严重的信息不对称，政府难以完全准确掌握污染企业情况。此时，广泛的普通公众可能会对企业污染行为更加了解，从而对污染企业施加压力。特别是在信息化社会，公众监督的实施更加容易，此时企业将在舆论压力下被迫降低污染物排放甚至停产。在环境规制之下，普通公众的参与和监督相当于进一步强化了政府的环境规制，企业所承受的环境规制压力加大。

综上所述，在环境规制之下，环境友好型企业更容易得到利益相关方的青睐。此时，环境规制对环境友好型企业的投资行为将产生正向影响，在其他条件基本相同的情况下，其投资由于产品或服务的需求更大、融资成本更低、政策更加优惠等而使得投资收益更有保障，从而有利于企业扩大当期投资支出规模。然而，环境规制对污染型企业的投资行为将产生负面影响。环境规制影响企业投资规模的利益相关方效应如图3-8所示。

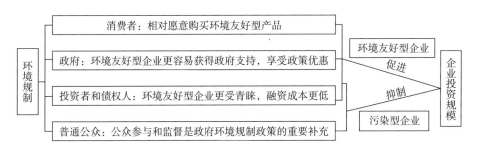

图3-8　环境规制影响企业投资规模的利益相关方效应

七、综合效应分析

由以上内容可以看出，环境规制能够通过成本效应、创新补偿效应、区位选择效应、市场势力效应、不确定性效应以及利益相关方效应影响企业投资规模。其中，创新补偿效应与区位选择效应的发生与成本效应息息相关，企业在环境规制之下是否做出技术创新或者调整生产区位的策略性行为，取决于其从技术创新中取得的创新补偿收益以及区位选择中得到的禀赋收益与环境规制遵从成本间的大小关系。此外，环境规制能够通过影响进入壁垒和退出壁垒的变化提高企业的市场势力从而对企业当期投资支出产生有利影响。环境规制本身及其给企业投资带来的不确定性既可能促进也可能抑制企业投资支出。在利益相关方的青睐下，环境规制有利于环境友好型企业扩大当期投资支出规模。不过，综合以上效应，作者发现，从理论上，环境规制对企业投资规模存在不确定的综合影响。

需要指出的是，企业对政府环境规制政策的制定具有某种特殊影响力。由于政府规制部门不能完全了解企业的排污情况和真实成本，也无法完全掌握污染造成的全部损害，因而政府规制部门往往基于主观判断决定环境规制政策（王俊豪，2001）。企业可能出于促进本地区某种类型投资活动的目的，而向政府部门游说甚至寻租，试图影响其环境规制政策的制定，降低其在投资过程中环境规制产生的遵从成本。除此以外，地方政府与企业之间也存在博弈。当本地区的企业投资积极性不高甚至出现资本逃离本地区，以致无法保证地区经济增长时，地方政府可能主动放松环境规制。从这个角度来说，企业投资行为可能对地区的环境规制产生反向影响（见图 3-9 中虚线）。环境规制影响企业投资规模的综合效应如图 3-9 所示。

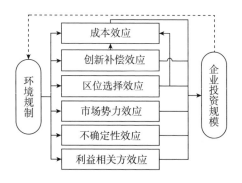

图 3-9 环境规制影响企业投资规模的综合效应

第三节　环境规制的企业投资方向结构效应及其作用机理

环境规制对企业投资行为的影响是多重的，不仅会影响企业投资规模，还会影响企业投资方向结构。本节将从投资方向角度探究环境规制的企业投资结构效应及其作用机理，分析环境规制如何影响企业投资的方向结构。

当政府环境规制强度提高时，企业作为理性经济人，往往会做出最有利于自身利益的反应。从投资行为的角度来说，企业有可能调整投资方向。按照投资方向的不同，企业投资分为内部投资和外部投资两种。在严格的环境规制下，地方政府希望企业所进行的污染治理投资、清洁生产技术研发投资以及着眼于长远发展的固定资产投资都属于内部投资。然而，在某些特定条件下，企业可能并不会在环境规制增强时都去选择内部投资，而放弃其他的策略选择。企业往往是在企业价值最大化的驱动下，选择合适的投资策略以实现资金的最优配置。

一、环境规制之下的企业投资方向调整——积极策略

在环境规制强度提高时，企业在投资方向方面可能做出的积极的策略反应主要涉及以下两种类型：

1. 进行技术创新

首先，在环境规制强度增加时，企业可以选择技术研发投资行为以取得技术创新补偿收益。不过，只有创新补偿收益能够超过环境规制的遵从成本时，企业才会选择技术研发投资行为，技术创新才有可能发生。一般而言，现有技术水平较高、研发资源（人力、物力、财力等）投入强度较大、产权保护程度较高的企业更加愿意选择技术研发投资行为，也更加容易取得技术创新的成功。这里的技术创新既包括能够提高资源利用效率、降低污染物排放的生产过程和工艺创新，也包括能够实现产品差异化的清洁型产品创新。蒋为（2015）的研究已表

明，环境规制强度的提高不仅能够使得企业更加倾向于进行技术研发投资，而且技术研发投资额也有所增加。此外，面临环境规制的企业在工艺创新与产品创新方面也具有显著优势。

其次，在环境规制强度增加时，社会各界的态度也将促使企业加大技术创新力度，增加技术研发投资。我们注意到，随着全社会对环境问题越来越重视，进行技术创新可以产生诸多好处。例如，若进行环境友好型产品和服务创新，则能够较容易占领更多的市场份额，因为消费者开始偏爱并购买此类产品和服务。投资人和债权人认为环境友好型企业的经营风险更低，更愿意将资金提供给此类企业。环保技术创新因为能够在社会各界树立企业履行社会责任的良好形象，并赢得社会公众对企业品牌的忠诚度等，而受到社会各界的青睐，将会有利于企业实现价值最大化目标。

最后，在某些特定条件下，在环境规制增强时，企业很可能选择技术研发投资行为，以促进清洁生产技术创新，提高企业的绿色生产率，并赢得各方尊重与青睐，进而实现企业价值最大化。

2. 采取多元化经营策略

在环境规制强度增加时，企业也可以选择进行多元化经营。众所周知，技术创新类投资往往具有创造性、高风险性、回报周期长等特点，所需的投入也相对较大。在对成本与收益进行权衡后，企业可能选择将某些污染较高的生产项目直接关闭以使企业达到政府规定的环境标准，同时将资金投向回报高、无污染的金融资产项目或进行长期股权投资行为。通过投资方向的调整，企业可以取得资金的最优配置效率，实现企业经营利润最大化。特别是对于重污染型企业来说，环境规制强度的增加使得企业现有生产项目的盈利大幅降低，企业选择外部投资行为的动机更强。比如，在地方政府严格的环境规制之下，重污染型企业可以采取直接出资购买股权的方式进行外部投资，获取另外一家清洁型企业的收益分配权，这样能够减弱或抵消环境规制对企业的负面影响。而且，企业多元化经营可以在一定程度上降低环境规制带来的不确定性造成的经营风险，促使企业改善经营业绩。

需要指出的是，两种积极的策略选择并不是相互排斥的。在环境规制增强时，企业既可以单一选择技术创新类的内部投资行为或者选择进行多元化经营性质的外部投资行为，也可以选择同时进行两类投资行为。

二、环境规制之下的企业投资方向调整——消极应对

在环境规制之下，从投资方向的调整角度，企业除了采取积极的策略行为外，还会进行一些消极应对。

首先，如前文所述，根据实物期权理论，在环境规制之下，不确定性和资产专用性的存在，促使固定资产投资等待的期权价值增大，此时企业往往选择观望等待，从而延迟对内的固定资产投资，使得环境规制对固定资产投资产生抑制作用。而且，随着环境规制强度的提高，至少在短期内，企业的盈利能力和盈利预期有所下降，这会使得企业观望等待的态度进一步加强，抑制企业扩大现有业务的规模和选择固定资产投资行为的积极性。而从内部投资整体来看，技术研发投资仅是企业内部投资中较小的一部分，固定资产投资占比要大得多。因此，综合来看，环境规制会抑制企业的内部投资行为。

其次，在环境规制水平提高时，有些企业可能并不会为了企业的长远发展而选择技术创新类投资行为或多元化经营投资行为，而是选择有利于实现短期利润最大化的金融资产投资行为。因为环境规制水平提高会导致环境规制遵从成本增加和当期利润水平的下降，此时企业投资于金融项目能够产生更大的收入效应和替代效应（王书斌和徐盈之，2015）。而且，与内部投资行为相比，金融资产类的外部投资行为对环境规制的敏感度大大降低，且具有高投机性和高流动性，因此，企业扩大金融资产类的外部投资行为不仅不会增加环境污染，而且可以迅速获取高额收益。从这个角度看，环境规制会对企业外部投资行为产生促进作用。

综上所述，在环境规制之下，企业的内部投资行为相对减少而外部投资行为相对增加，其投资方向结构呈现外部化偏向。环境规制的企业投资方向结构效应及其作用机理如图 3-10 所示。

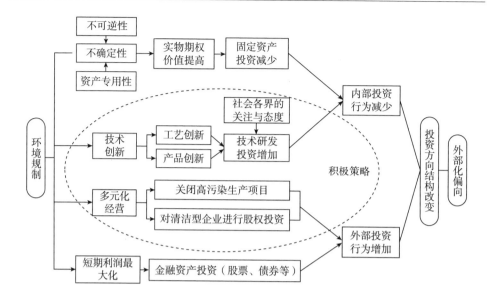

图 3-10 环境规制的企业投资方向结构效应及其作用机理

第四节 异质性——环境规制的企业投资
行为效应的差异来源

本章的第二节和第三节就环境规制影响企业投资行为的总效应从投资规模和结构两个方面进行了机理分析，但事实上，从中国的实际来看，无论是环境规制还是企业自身均存在一定的异质性，致使环境规制的企业投资行为效应呈现出一定的差异。因此，本节将在前文分析的基础上进一步探讨异质性如何影响环境规制的企业投资行为效应。

一、基于环境规制的异质性

关于不同类型的环境规制工具对抑制环境污染的作用差异，已有许多学者做了相关研究。较为一致的观点是，经济型环境规制不但具有节约信息成本的优势，而且能够产生激励效果；管制型环境规制则具有执行和监督成本较低、规制部门能有效控制其分配效应、操作方便等优势。然而，现有文献对不同类型环境规制工具的经济效应差异却没有给予足够的关注。本书认为，不同类型的环境规制工具的企业投资行为效应也存在一定的差异性。

首先，立法管制型环境规制主要是指基于"命令与控制"原则，政府立法或行政部门依靠制定各项环境法律、法规、政策和制度对企业的经济活动进行微观规制，如周边环境标准、排放标准、技术标准等。一方面，环境法律、法规、政策等的制定与实施不会一蹴而就，立法管制型环境规制对企业生产经营特别是投资行为的影响往往需要较长一段时间才能显现。因为环境规制部门需要一定时间来向企业及公众传递其相关政策信号，企业也需要一定时间来把握政府的环境政策信息并做出恰当反应。面对一项立法管制型环境规制，企业可能选择对原有生产技术和生产工艺进行改造以降低污染排放，达到环境法律法规规定的标准。然而，企业也可能选择等待观望，看该项法律法规是否真正得到有效实施（包群等，2013）。也就是说，在立法管制型环境规制之下，企业由于持等待观望态度，所以往往不会选择立即进行规制遵从，从而不会立刻造成遵从成本增加，而且更进一步地，立法管制型环境规制给企业带来的这种不确定因素会促使企业进行长期投资的意愿大幅降低。另一方面，Wang 等（2003）的研究表明，中国的书面环境立法普遍存在着"非完全执行"的情形，有时立法文本难以发挥实际作用。考虑到这些因素，企业在立法管制型环境规制之下可能并不会产生较大规制遵从成本，进而对企业投资行为也不会产生太大的负面成本压力。

其次，解决环境污染问题除了需要做到有法可依、加强立法管制型环境规制外，还要做到执法必严，加强执法管制型环境规制。实际上，环境规制有效性的发挥及其对企业投资行为产生的影响很大程度上取决于环境法律、法规和政策的执行力度。环境执法属于事后监管机制，主要通过环保机构对企业污染排放的监督来实现。在执法管制型环境规制较为宽松时，企业出于自身利益最大化的考虑，不会选择对环境法律法规的完全遵从。然而，当执法管制型环境规制严格时，企业认识到一旦没有遵从环境法律法规，被发现的可能性大大提高，而且被发现后惩罚力度也大大加强，此时企业将选择完全遵从环境法律法规。因为很有可能，政府的罚款金额比企业的环境规制遵从成本还要大得多。所以，在执法管制型环境规制增强时，企业将首先选择遵从环境规制。

最后，经济型环境规制主要包括各种环境费用、环境投资等（原毅军和刘柳，2013），如排污费、环境相关的税收、环境治理投资，在中国这些往往是政府意愿的体现。与管制型环境规制所不同的是，当实行经济型环境规制时，企业往往将环境要素作为一种非生产性投入，并纳入企业的生产函数中。对于企业而言，这种类型的环境规制带来的成本增加更为直接。因此，在经济型环境规制之下，出于利润最大化的驱使，企业能够更加容易和明确地确定实现环境目标的最优方法和路径，也具有更大的选择范围，而不需要一成不变，必须采用立法管制型环境规制所确定的技术标准。也就是说，面对经济型环境规制，企业可以在投资决策中充分考虑并消化环境要素投入的成本，采取更加灵活的策略性行为来应对，这样环境规制给企业投资行为带来的成本负面影响也将会有所弱化。具体而言，当实行经济型环境规制时，意味着环境要素这种非生产性投入不再无偿使用，此时企业可以选择通过技术研发投资行为，实现技术创新来降低或抵消这种环境遵从成本的增加，并（或）提高资源利用率，降低环境污染的同时也取得最大化利润。此外，企业还可以选择降低污染型产品的产量，将资金配置到回报较高的金融资产项目或者外部投资行为进行多元化经营，这样同样可以最大化企业利润。

综上所述，基于环境规制异质性的企业投资行为效应差异如图 3-11 所示。

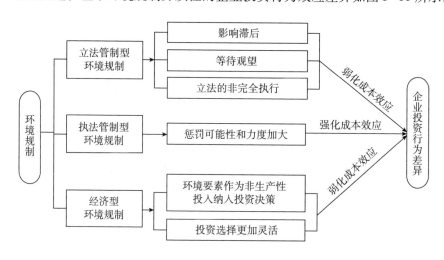

图3-11 基于环境规制异质性的企业投资行为效应差异

二、基于行业的异质性

除环境规制存在异质性外，作为被规制对象的企业也会存在异质性。从行业特征的角度，按照污染密集度的不同，企业所处的行业可以分为两类：污染密集型行业和清洁型行业。一般而言，污染密集型行业中的企业（后文简称"污染密集型企业"）如果在生产过程中不进行污染治理，则会直接或间接产生大量的污染排放。因此，相对来说，在环境规制之下，污染密集型企业需要为减排付出更多的努力，投入更多的资源。正是由于这种行业异质性的存在，在环境规制之下，企业的投资行为表现也会有所不同。

第一，从成本角度，如前文所述，在环境规制强度提高时，企业将有选择性地采取一定的措施来降低企业的污染物排放，从而产生环境规制遵从成本，使企业总的生产成本有所增加。在这一成本效应下，与清洁型企业相比，污染密集型企业具有成本劣势。而且其他条件相同时，清洁型企业的产品也往往更受消费者的青睐，消费者更愿意购买此类产品，因此污染密集型企业的利润会下降更多。于是，根据 Jorgenson 企业投资理论，企业预期利润的下降将导致 NPV 为正的项目大大减少，进而抑制污染密集型企业当期投资支出规模的增加。

第二，从创新角度，对于污染密集型企业而言，在较大的环境规制遵从成本以及总成本劣势下，企业面对技术创新策略选择时，进行技术创新的动力更强。因为在这种情况下，污染密集型企业只有依靠技术创新才有可能消化这种成本劣势。不过，污染密集型企业必须从技术创新中得到更多的创新补偿收益才能够弥补遵从成本的负面影响，所以污染密集型企业往往需要的技术创新力度更大，技术研发投资也更多。也就是说，污染密集型企业相对于清洁型企业虽然技术创新的动力更足，但"创新补偿效应"的实现难度也相对更大。因此，在环境规制之下，成本效应对污染密集型企业投资规模的负面影响更难抵消或弱化。

第三，从融资角度，污染密集型企业与清洁型企业向外部投资者或者债权人发射的信号有所不同。根据信息经济学理论，企业与外部投资者或债权人之间往往存在着较为严重的信息不对称，因而会出现逆向选择问题。为解决逆向选择问题，其中一个方法就是信号传递。在环境规制之下，清洁型企业可以通过向外部投资者或者债权人传递信号使自己与污染密集型企业区分开来。这种信号要传递的是：在环境规制之下，清洁型企业更容易得到政府支持，更具发展潜力等。因此，这将提高外部投资者或者债权人向企业提供资金的信心，从而缓解企业的融资约束。相反，在环境规制之下，污染密集型企业的融资约束可能变得更为严重。例如中国推出的"绿色信贷"政策，把达到环境检测标准、污染治理效果以及生态保护作为信贷审批的重要前提，大大提高了污染密集型企业贷款的门槛。融资约束加重使得污染密集型企业的投资支出规模受到抑制。

第四，从企业投资结构的角度，在环境规制强度提高时，污染密集型企业倾向于采取更加灵活的投资策略。此时，污染密集型企业往往更加愿意采取多元化经营策略或者购买金融资产而进行外部投资。这是因为相对于清洁型企业而言，污染密集型企业的环境规制遵从成本更高，成本负担更大，在利润最大化的驱动下，污染密集型企业此时选择对现有业务进行内部投资行为的动力会大为弱化。因此，污染密集型企业可能转而选择降低现有污染型生产项目的产量或产能，并投资于回报更高的金融资产项目或者其他清洁型企业的股权项目，从而使其外部投资倾向更加明显。总之，由于行业特征的异质性，环境规制对企业投资结构的影响也会有所不同。

综上所述，从理论上分析，环境规制对不同污染密集度行业中的企业投资行为确实存在差异性影响。随着环境规制强度的增加，清洁型行业中企业的发展更具有比较优势。也就是说，相对而言，环境规制有利于促进清洁型行业的投资与发展，而对污染密集型行业的投资与发展有所抑制。而且，污染密集型行业的技术创新激励更加强劲，进行多元化经营以及购买金融资产进行外部投资倾向也较为明显。从这些方面来说，环境规制能够在一定程度上促使污染密集型企业清洁化发展，倒逼产业结构的调整和优化升级。在行业异质性条件下，环境规制的企业投资行为效应差异如图3-12所示。

三、基于企业规模的异质性

除环境规制的异质性、企业所处行业的异质性以及企业的产权异质性以外，企业自身规模的异质性也会使得环境规制下企业投资行为效应产生差异性。大型

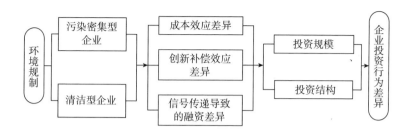

图 3-12　基于行业异质性的环境规制的企业投资行为效应差异

企业与中小企业面对环境规制时，由于法律规定、规制执行、规制遵从（Becker，2005）以及技术创新等方面的非对称性，使得它们的投资行为所受的影响也有所不同。

第一，从法律规定的非对称性看，相对于大型企业而言，许多环境规制政策对中小企业的要求往往更加宽松，这种差别待遇称之为分层。而且，在规制服从具有规模经济性的情况下，这种分层规制能够实现帕累托最优（Brock and Evans，1985）。例如，许多环境规制政策基于排放阈值或产出水平将污染源区分为两类：主要污染源和次要污染源。中小企业往往属于次要污染源，环境规制政策将首先针对主要污染源。另外，美国 1996 年制定的《小企业监管执法公平法案》中规定，美国环保署需考虑灵活性的环境规制以降低环境规制对中小企业的负面经济影响（Becker et al.，2013）。在国内，中小企业面对的实际环境规制强度更低，因而中小企业的投资行为受到环境规制的负面成本压力也会更小。

第二，从环境规制执行的非对称性看，环保机构对大型企业的环境规制执法也更加严格。对于一个地区环保机构而言，其人力、物力和财力是有限的，针对上级政府下达的环境质量指标任务，环保机构也希望用最少的投入、最高的效率完成指标任务。很显然，通过加大对一个大型企业的监督检查力度以及相应的惩罚力度①，所能实现的污染物减排量可能是一个中小企业的几倍甚至几十倍。也就是说，中小企业面对的环境规制执法监管更加宽松。因此，在环境规制之下，

---

① 对企业每一次的环保监督检查所产生的成本基本固定，无论该企业是大型企业还是小中企业。具体请见 Pashigian B P. The Effect of Environmental Regulation on Optimal Plant Size and Factor Shares [J]. Journal of Law & Economics，1984（27）：1-28.

中小企业的负面压力相对较小，其投资活动也会更加积极。

第三，从环境规制遵从成本的非对称性看，大型企业更有优势。这是因为在环境规制之下，企业需要进行污染治理，从而产生规制遵从成本。而这些规制遵从成本大多具有资本密集型特征，涉及大量的固定成本。因此，对于大型企业而言，较大的产出规模促使其单位产出的环境规制遵从成本相对较低。也就是说，环境规制遵从成本具有规模经济性（Becker et al.，2013）。从这一角度看，大型企业进行投资行为选择时，受到环境规制的负面成本影响更弱。

第四，从技术创新的非对称性看，一方面，在环境规制之下，大型企业由于资金实力雄厚、特定创新要素获取能力较强、现有技术基础较高、技术创新成功概率也较大。因而，他们更愿意进行污染治理技术以及清洁型生产技术创新。也就是说，在环境规制强度增加时，大型企业更有动力进行技术研发投资，以期在未来降低环境规制带来的遵从成本压力，并提高市场竞争力。不过，在没有可借鉴经验的情况下，此时大型企业需要承担技术研发的全部成本，而且还要努力降低技术创新的外部性，这会在一定程度上抑制大型企业技术创新动力。相比来说，中小企业会选择等待观望，借助于"学习效应"取得"创新补偿效应"。从这个角度看，环境规制对不同规模企业创新补偿效应的实现进而对其投资行为的影响具有不确定性。

此外，从违规损失的非对称性看，大型企业，特别是拥有众多子公司和分公司的企业集团的行为对环境规制更为敏感。这是因为一旦这样的企业出现不遵从环境规制的行为且被发现的话，他们失去的东西将更多，如企业资产、声誉等。由于企业规模较大，这种损失对企业造成的伤害也更大。当政府环保机构也了解这一点时，环保机构将更加倾向于对大型企业加强环境执法监管。这将进一步加大环境规制对大型企业投资行为造成的成本压力。

综上所述，一方面，由于法律规定、规制执行、违规损失等方面的非对称性，环境规制增加了大型企业的规制遵从成本压力，降低了大型企业的整体盈利预期。因此，在环境规制之下，大型企业的投资支出可能受到一定程度的抑制。另一方面，由于遵从成本、技术创新的非对称性，大型企业具有单位遵从成本以及创新补偿效应方面的优势，这对环境规制之下大型企业的投资支出又会产生一定的促进作用。总之，环境规制对不同规模企业投资支出规模的影响具有不确定性。需要指出的是，正因为大型企业的环境规制立法和执法监管都更为严格，面对环境规制强度的提高，相比于中小企业，大型企业将会投资更多资金用于污染治理和技术研发。而中小企业的经营往往更加灵活，从规避风险、取得最大化收益的角度，在环境规制强度增强时，中小企业倾向于选择购买基本不受环境规制影响的金融资产进行投资。在企业规模具有异质性的情况下，环境规制的企业投资行为效应差异如图 3-13 所示。

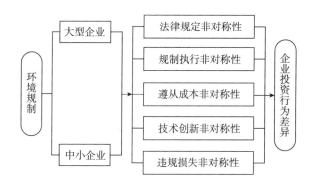

图 3-13 基于企业规模异质性的环境规制的企业投资行为效应差异

第五节 本章小结

本章从中国环境规制的现实基础出发，主要从理论层面围绕环境规制影响企业投资行为的机理进行了深入探讨，旨在为后文的实证研究提供理论依据。本章的研究主要体现在三个方面：一是从企业投资规模的角度，全面系统地分析了环境规制的企业投资行为效应及其作用机理，构建了效应传导模型，认为环境规制可以通过成本效应、创新补偿效应、区位选择效应、市场势力效应、不确定性效应以及利益相关方效应等对企业投资规模产生影响。二是从企业投资方向结构角度，对环境规制的企业投资结构效应及其作用机理进行分析。本书认为，在环境规制之下，企业既有可能选择积极的策略，如技术创新类的内部投资行为或者多元化经营的外部投资行为，也有可能选择消极应对，在环境规制使得不确定性增加时，减少固定资产投资类的内部投资行为，或者关闭高污染生产项目进行金融资产投资行为，进而使得企业投资行为的外部化偏向有所增强。三是基于前面两节的分析，结合中国环境规制与制度背景，基于各种异质性因素分析了环境规制的企业投资行为效应的差异来源。首先，从环境规制的异质性角度，立法管制型环境规制由于影响滞后、企业等待观望、环境书面法律"非完全执行"等因素的存在，执法管制型环境规制由于惩罚力度加大、执法监管"越位"等因素的存在，经济型环境规制则由于能够将环境要素作为非生产性投入纳入生产决策中，从而使得它们对企业投资行为的影响效应呈现出差异性。其次，从行业的异质性角度，污染密集型企业与清洁型企业由于成本效应、创新补偿效应以及信号传递导致的融资效应等方面的差异，其投资规模和结构也会呈现一定的差异性。最后，从企业规模的异质性角度，由于法律规定、规制执行、遵从成本、技术创新、违规损失方面的非对称性，在环境规制之下，大型企业与中小企业的投资行为也会有所不同。

第四章 环境规制的企业投资规模效应的实证检验

第三章从中国环境规制现实基础方面的考察发现，近年来，中国的整体环境规制水平有所提高，不同地区的环境规制水平呈现一定的差异性。此外，上一章节的机理分析表明，环境规制能够通过成本效应、创新补偿效应、区位选择效应、市场势力效应、不确定性效应、利益相关方效应等影响企业投资规模。随着环境规制强度的提高，企业的投资行为选择会有所改变，从而呈现出的企业投资规模和结构也会发生变化。结合中国的现实基础以及机理分析结论，我们不禁要问，在现实条件下，企业投资行为的变化到底有没有受到环境规制的影响，如果有，影响方向和程度又如何？哪些传导效应在其中发挥了关键作用？本章将从企业投资规模的角度，围绕上述问题展开实证研究，通过构建计量模型对环境规制的企业投资行为效应进行实证检验，并考察在环境规制、行业及企业异质性下这种影响效应的差异性。更进一步地，本章还将对其中的一个重要效应传导途径——市场势力效应是否存在进行验证。

第一节 研究设计

基于对环境规制的企业投资规模效应及其作用机理的分析，本节将构造计量模型并给出研究设计方案。

一、理论假说

在构建计量模型进行实证分析之前，本部分首先根据第三章机理模型的分析结论提出关于环境规制的企业投资规模效应的如下理论假说：

（一）环境规制影响企业投资规模的总效应方面

环境规制可以通过成本效应、创新补偿效应、区位选择效应、市场势力效应、不确定性效应以及利益相关方效应等影响企业投资规模。其中，成本效应的存在会显著抑制企业投资规模，而创新补偿效应与区位选择效应的存在对企业投资规模产生的作用是抑制还是促进与成本效应密切相关，取决于企业从技术创新中取得的创新补偿收益以及区位选择中得到的禀赋收益与环境规制遵从成本间的大小关系的比较。环境规制还会通过提高企业的进入壁垒并降低退出壁垒，使得企业市场势力提升，进而对企业投资规模的扩大产生促进作用。环境规制本身及其给企业投资行为带来的不确定性既可能促进也可能抑制企业投资规模，从实物期权、企业管理层行为、信息不对称的角度，这种不确定性会抑制企业投资规模，而从代理冲突"自然资源观"投资动机等角度，这种不确定性则可能促进企业投资规模的扩大。在利益相关方的青睐下，环境规制对环境友好型企业的投资规模会产生促进作用，对高污染型企业的投资规模则会产生抑制作用。综上，本书认为，从理论上，环境规制影响企业投资规模的总效应存在不确定性。因此，这里提出以下理论假说：

理论假说 1a：环境规制会抑制企业的投资规模。

理论假说 1b：环境规制会促进企业的投资规模。

（二）环境规制对企业投资规模的影响差异性方面

首先，在环境规制的异质性角度，由于立法管制型环境规制对企业投资行为的影响可能存在滞后效应，企业因此会选择等待观望，并且中国书面立法中环境立法普遍存在着"非完全执行"情况，这些均会弱化成本效应，即立法管制型环境规制并不会对企业投资行为产生太大的负面成本压力。在执法管制型环境规制之下，企业遭受惩罚可能性和力度的加大会使得环境规制给企业带来额外的成本负担，进而对企业投资规模的扩大产生一定负面影响。在经济型环境规制之下，环境要素被作为一种非生产性投入纳入企业的投资决策中，环境规制强度的变化直接影响环境要素的使用成本，加之此时企业的投资选择更加灵活，导致经济型环境规制给企业投资规模扩大带来的成本负面影响有所弱化。

其次，在行业的异质性角度，对于较高污染密集度行业中的企业来说，基于成本效应的考虑，环境规制对其产生的负面成本压力会更大，这一类企业往往环境规制遵从成本更高，实现"创新补偿效应"的难度也更大，且污染密集型企业面临的融资约束会更加严重。总之，相比较来说，随着环境规制强度的增加，清洁型企业的发展具有比较优势，环境规制有利于促进清洁型行业投资规模的扩大，而对污染密集型行业的投资与发展会产生一定抑制作用。

最后，在企业规模的异质性角度，在面临环境规制时，大型企业与中小企业在法律规定、规制执行、遵从成本、技术创新、违规损失等方面存在诸多非对称性。大型企业往往面临的环境法律规定更加严格，环境规制执行力度也更大。因此，环境规制会增加大型企业的规制遵从成本压力，对其投资支出规模的扩大产生一定抑制作用。不过，由于规制遵从成本规模经济性的存在以及二者在技术创新方面的非对称性，大型企业又具有单位遵从成本以及创新补偿效应方面的优势，这对环境规制之下大型企业的投资规模又可能产生一定的促进作用。也就是说，基于企业规模的异质性，环境规制对企业投资规模的影响效应存在差异性，但从理论上讲这种差异并不确定。

综上所述，本书提出以下理论假说：

理论假说2：环境规制、行业以及企业规模异质性的存在将导致环境规制对企业投资规模的影响产生差异性。

（三）作用机理方面

成本效应、创新补偿效应、区位选择效应、市场势力效应、不确定性效应以及利益相关方效应均是环境规制影响企业投资规模的重要作用途径。限于精力和篇幅，本书将重点对市场势力效应这条作用途径进行考察分析，探究环境规制是否会通过提高企业的市场势力进而对企业投资规模产生促进作用。因此，这里提出以下理论假说：

理论假说3：环境规制会通过提高企业市场势力进而促进企业投资规模

扩大。

二、计量模型设定

首先，本书将考察环境规制影响企业投资规模的总效应。为此，本书设定如下计量模型：

$$Inv_{ijt} = \beta_0 + \beta_1 ER_{jt} + \beta_2 Control_{ijt} + u_i + \lambda_t + \varepsilon_{ijt} \tag{4-1}$$

$$Control_{ijt} = \alpha_1 ROE_{ijt} + \alpha_2 size_{ijt} + \alpha_3 cash_{ijt} + \alpha_4 alratio_{ijt-1} + \alpha_5 age_{ijt} + \alpha_6 growth_{ijt} \tag{4-2}$$

其中，下标 i、j 和 t 分别表示企业、地区和年份；被解释变量 Inv 表示企业的投资支出规模；ER 表示企业所处地区的环境规制强度；$Control$ 表示反映企业特征的一系列控制变量，具体包括企业报酬率（ROE）、企业规模（$size$）、现金持有量（$cash$）、资产负债率（$alratio$）、企业年龄（age）、企业成长机会（$growth$）等；u_i 为个体固定效应，控制未观测到的企业特征因素对投资规模的影响；λ_t 为时间固定效应，控制那些影响企业投资行为，但只随时间推移而与企业特定要素无关的因素的影响；ε_{ijt} 为随机误差项。关于这些变量的具体定义将在后文予以详细说明。

其次，本书在对总效应进行实证检验的基础上将基于各种异质性因素进一步考察环境规制对企业投资规模影响效应的差异性。第一个角度，基于环境规制的异质性对可能存在的影响效应差异性进行检验。计量模型的设定与公式（4-1）类似，区别在于这里将环境规制变量换成各个细分类别的环境规制强度，分别是经济型环境规制强度（ER_1）、执法管制型环境规制强度（ER_2）以及立法管制型环境规制强度（ER_3）。

第二个角度，基于行业特征的异质性对可能存在的影响效应差异性进行检验。如前文所述，企业的投资规模不仅取决于地区的环境规制强度，还与行业的自身特征有关。污染密集型行业中的企业会对环境规制更加敏感，其受到的遵从成本压力更大，创新补偿效应更难实现，面临的融资约束也会更加严重。因此，本书将参考 Nunn（2007）、Chung（2014）的做法，在模型中引入反映行业特征的污染密集度（PI_k）与地区环境规制特征（ER_{jt}）的交互项，若交互项的回归系数显著为负，则表明环境规制强度的增加对企业投资规模的作用会随着企业所在行业污染密集度的增加而有所降低。此外，本书还引入了行业外部融资依赖度（FD_k）与地区金融发展水平（FL_{jt}）的交互项以及行业资源依赖度（RE_k）与地区自然资源禀赋（NRE_{jt}）的交互项指标，以充分考察行业特征与地区特征对企业投资支出规模的影响效应。于是，本书构建了第二个计量模型，其中 k 表示行业：

$$Inv_{ijkt} = \beta_0 + \beta_1 ER_{jt} + \beta_2 Control_{ijkt} + \beta_3 \left(PI_k \times ER_{jt} \right) + \beta_4 \left(FD_k \times FL_{jt} \right) +$$
$$\beta_5 \left(RE_k \times NRE_{jt} \right) + u_i + \lambda_t + \varepsilon_{ijkt} \tag{4-3}$$

第三个角度，基于企业规模的异质性，就环境规制影响企业投资规模的差异性进行验证。计量模型的设定与公式（4-1）完全相同，但按照大型企业与中小企业将全部样本分为两个组别后，再分别进行回归分析。

三、变量选择与说明

本部分将分别从企业投资规模指标、环境规制指标、行业及其他地区变量、其他控制变量四个方面对上述计量模型中所涉及的变量进行详细介绍。

（一）企业投资规模指标（Inv）

如第一章绪论中所指出的那样，本书的企业投资指的是广义投资。目前，国内外较为常见的构建企业投资规模指标的方法主要有两种：一是基于现金流量表中投资活动产生的现金流量构建；二是基于资产负债表估算固定资产投资、无形资产投资、金融资产投资等来构建。

首先，本书基于现金流量表构建企业投资规模指标，借鉴曾海舰（2012）的做法，设定企业投资总额等于购建固定资产、无形资产和其他长期资产所支付的现金、投资所支付的现金、取得子公司及其他营业单位支付的现金净额之和。在实证研究中，企业投资规模指标用企业总投资率表示，即用企业投资总额除以上一年年末固定资产净额×100（Inv_1，%）。

其次，本书还基于资产负债表构建了企业投资规模指标对估计结果进行稳健性检验。本书将企业投资分为五个部分：固定资产投资、无形资产投资、流动资产投资、金融资产投资和长期股权投资。其中，固定资产投资借鉴王义中和宋敏

（2014）的思想，为三部分增加值之和①，分别是固定资产原值、在建工程和工程物资。但是，由于中国 2007 年实施新的《企业会计准则》后，资产负债表中的固定资产反映的是净额，所以本书参考徐明东和陈学彬（2012）的做法，固定资产投资为固定投资净额的增加值、在建工程的增加值、工程物资的增加值和固定资产当期折旧费用四部分之和。无形资产投资则借鉴曾爱民等（2013）的做法，为无形资产净额的增加值、开发支出的增加值和无形资产摊销三部分之和。流动资产投资包括的内容较多，本书专指企业的存货投资，用存货净额的增加值表示。金融资产投资②选取的是资产负债表中交易性金融资产、可供出售的金融资产、持有至到期投资净额的增加值之和。此外，长期股权投资也是指其净额的增加值。固定资产投资、无形资产投资、流动资产投资、金融资产投资和长期股权投资五项加总除以上一年年末的固定资产净额乘 100 得到第二个企业总投资率指标（Inv_2，%）。

（二）环境规制指标（ER）

1. 现有的环境规制指标构建方法分析

目前，国内外构建环境规制指标主要有以下几种方法：

第一种方法，基于污染物排放构造环境规制指标。这一类的研究认为，污染物减排得越多，在一定程度上表明其环境规制更为严格。但是鉴于污染物减排量的绝对值缺乏可比性，因此多使用污染物减排的百分比或者单位产值的污染物减排量来衡量。如 Smarzynska 和 Wei（2001）、Constantini 和 Crespi（2008）等。近年来，国内许多学者采用基于污染物排放的综合指数法构建环境规制指标，如傅京燕和李丽莎（2010）、王杰和刘斌（2014）、李梦洁和杜威剑（2014）等，即将废水排放达标率、二氧化硫去除率、烟尘去除率、粉尘去除率和固体废弃物综合利用率在无量纲化处理的基础上进行加权求和。其中权重的确定有两种方法：一是采用赵细康（2003）提出的加权方法，将某污染物的单位产值排放与该污染

---

① 这里计算的投资是当年增加的投资支出，如果是正数，表示投资支出在增加；如果是负数，则表示出售各种资产，处于负投资状态。

② 广义的金融资产投资还包括货币资金、各种应收款项（如应收账款、应收票据、其他应收款、应收利息、应收股利等）、发放贷款及垫款等，本书重点关注股票和债券投资。

物单位产值排放的全国水平之比作为每项污染物指标的权重;二是采用改进的熵值法。由于这种综合指数法同时考虑了多种污染物排放强度差异,相对于仅考虑单一污染物指标或者多种污染物简单平均的方法更加合理,所以这种方法得到广泛采用。然而,考虑到中国近几年的实际情况,采用综合指数法构建环境规制指标既存在数据上的不足,也存在一定的不合理性。从数据上来说,中国的环境统计在 2011 年进行过一定幅度的调整,之后的《中国环境统计年鉴》不再提供工业废水排放达标量以及工业二氧化硫、烟尘、粉尘的去除量数据,从而导致上述细分指标无法计算。此外,从 2007~2010 年各地区的数据来看,许多地区的工业废水排放达标率以及工业烟尘、粉尘去除率都已在 95% 以上,且变化幅度不大,很难如实体现该期间环境规制强度的变化情况(王勇和李建民,2015)。

第二种方法,基于污染治理支出构建环境规制指标。目前,国外许多研究基于污染治理和控制支出调查提供的数据构建环境规制指标,其中,有的学者采用数据完整性较好的污染治理运行费用或强度来衡量环境规制,如 Pickman(1998)、Eskeland 和 Harrison(2003)、Cole 和 Elliott(2005)、Becker 等(2013)等;也有的学者用污染治理资本支出或强度来衡量环境规制,如 Hamamoto(2006)、Elliott 和 Shimamoto(2008)等,他们认为污染治理资本支出能更好地衡量环境规制冲击对企业环境遵从成本的影响。另外,Keller 和 Levinson(2002)采用的是全部的污染治理支出,并经过产业结构调整;Yang 等(2012)则同时考虑污染治理资本支出和污染治理运行费用来衡量环境规制。从国内研究来看,也有许多学者基于污染治理成本构建环境规制指标,如张成等(2011)、董敏杰等(2011)、李胜兰等(2014),而且还基于排污费构建了环境规制指标。不过有学者质疑,污染治理成本不能真实反映政府的环境规制强度,因为即使没有环境规制,企业也会进行污染治理,树立其在投资者及公众中的良好形象(Jaffe et al.,1995)。然而在中国,从实际情况来看,企业污染治理支出的增加的确在较大程度上是由环境规制强度的提高带来的,多是政府意志的体现。不过,需要注意的是,如果一个地区污染型行业较多从而污染物排放量较高的话,其污染治理支出也会相对较高,因此需要将这一因素剔除。

此外,有学者基于环境规制立法或者政府规制机构的执法监管来构造环境规制指标，具体包括环境法规条数、环境部门雇佣人员数量、环境检查和监督的次数和频率等，如 Levinson（1996）、Berman 和 Bui（2001）、Brunnermeier 和 Cohen（2003）、Testa 等（2011）等。还有学者采用能源强度的变化（如 Cole 和 Elliott，2003；宋文飞等，2014）、人均收入水平（如 Antweiler 等，2001；陆旸，2009）或者汽油中的含铅量（如 Cole 等，2006；Broner 等，2012）作为环境规制的替代变量。表 4-1 给出了上述代表性文献对环境规制指标的总结。

表 4-1　环境规制衡量指标的总结

构建角度	具体指标	研究对象	文献
污染物排放角度	多种污染物（水中有机污染物、铅、二氧化碳）减排的百分比（或加上 GDP 的百分比变化）	24 个转型经济体	Smarzynska 和 Wei（2001）
	单位 GDP（以 2000 年不变购买力平价表示）的二氧化碳排放	148 个国家	Constantini 和 Crespi（2008）
	废水排放达标率、二氧化硫去除率、烟尘去除率、粉尘去除率和固体废弃物综合利用率的综合指数	中国 24 个制造业	傅京燕和李丽莎（2010）
		中国工业企业	王杰和刘斌（2014）
		中国各省份	李梦洁和杜威剑（2014）
污染治理支出角度	污染治理运行费用	美国制造业	Pickman（1998）
	单位行业增加值的污染治理运行费用	美国	Eskeland 和 Harrison（2003）
		美国	Cole 和 Elliott（2005）
	单位产出的污染治理运行费用	美国企业	Becker 等（2013）
	污染治理资本支出	美国造纸业、化学品、石油及煤产品、钢铁、有色金属 5 个行业	Hamamoto（2006）
	单位销售额的污染治理资本支出	日本	Elliott 和 Shimamoto（2008）
	经过产业结构调整的污染治理支出	美国各个州	Keller 和 Levinson（2002）
	污染治理费用和治理资本支出	中国台湾制造业	Yang 等（2012）
	工业污染治理投资占规模以上工业企业主营成本、工业增加值的比重	中国各省市的工业部门	张成等（2011）
	污染治理投资、设备运行费用以及排污费	中国工业行业	董敏杰等（2011）
	工业污染治理投资与工业增加值的比重、排污费收入占工业增加值的比重	中国各省份	李胜兰等（2014）

续表

构建角度	具体指标	研究对象	文献
环境立法和执法监管	已生效的新环境法规的数量	美国洛杉矶地区的炼油厂	Berman 和 Bui（2001）
	平均每个企业的环保部门雇佣人数	美国	Levinson（1996）
	空气和水污染相关的检查次数	美国制造业	Brunnermeier 和 Cohen（2003）
	政府部门的检查频率	欧盟国家的建筑业	Testa 等（2011）
其他	能源强度（能源/GDP）的变化	31 个发达和发展中经济体	Cole 和 Elliott（2003）
	GDP/能源	中国工业 33 个细分行业	宋文飞等（2014）
	人均收入水平	GEMS 观测的国家	Antweiler 等（2001）
	汽油的铅含量	95 个国家	陆旸（2009）
		33 个国家	Cole 等（2006）
		101 个国家	Broner 等（2012）

资料来源：笔者自行整理。

2. 基于因子分析法的环境规制指标的构建

鉴于环境规制指标的构建方法尚未统一，为防止采用单一衡量指标可能出现的主观片面性造成衡量偏差，本书试图从多角度选取多个细分指标来衡量各地区的环境规制，并利用因子分析法得到环境规制的综合指标（王凤荣和苗妙，2015）。本书选取的衡量各环境规制的细分指标主要包括：工业污染源治理投资强度、建设项目"三同时"环保投资强度、工业污染治理运行费用强度、排污费征收强度、平均每百个工业企业的地方性环境法规数、平均每百个工业企业的地方性环境行政规章数、平均每个工业企业的环保系统人员数以及平均每百个工业企业的环保机构数。

需要指出的是，工业污染源治理投资强度、建设项目"三同时"环保投资强度、工业污染治理运行费用强度、排污费征收强度四个指标均是基于工业污染物排放综合水平进行计算的。本书主要考察了中国实行总量减排控制的四种主要污染物，分别是工业化学需氧量、工业氨氮、工业二氧化硫、工业氮氧化物。由于不同污染物的性质不同，无法进行简单加总。因此，本书借鉴赵连阁等（2014）的方法计算工业污染物排放的综合水平。另外，工业污染治理运行费用总额是由工业废水污染治理运行费用与工业废气污染治理运行费用加总得到的。

将工业污染源治理投资、建设项目"三同时"环保投资、工业污染治理运行费用总额以及排污费分别除以工业污染物排放综合水平，便得到工业污染治理源投资强度、建设项目"三同时"环保投资强度、工业污染治理运行费用强度、排污费征收强度四个指标。而且，为保证各年份数据的可比性，本书采用各地区的固定资产投资价格指数折算为以 2005 年为基期的数据。

本书采用 SPSS 软件对上述细分指标进行因子分析。首先，对上述细分指标数据进行标准化，以消除量纲的影响。从巴特莱特（Bartlett）球度检验的结果来看，其检验值为 902.798，其伴随概率为 0，表明上述细分指标的相关系数矩阵与单位矩阵之间呈现出显著差异，可以进行因子分析。

如表 4-2 所示，根据特征值大于 1 的提取公因子的原则，本书采用主成分分析方法提取了三个公因子，累计方差贡献率达到了 73.746%，能够涵盖原指标的大部分信息。

表 4-2　矩阵特征值与累计方差贡献率

公因子	初始特征值			旋转后的特征值和贡献率		
	特征值	贡献率（%）	累计方差贡献率（%）	特征值	贡献率（%）	累计方差贡献率（%）
1	2.965	37.068	37.068	2.550	31.879	31.879
2	1.887	23.594	60.662	1.940	24.254	56.133
3	1.047	13.084	73.746	1.409	17.613	73.746

然而，由于初始载荷矩阵不能很好地体现各公因子的含义，本书采用了最大方差法进行旋转，在经过 5 次迭代后得到的旋转后的因子载荷矩阵，如表 4-3 所示。

表 4-3　旋转后的因子载荷矩阵

原始指标	公因子		
	1	2	3
工业污染源治理投资强度	**0.848**	-0.045	-0.089
建设项目"三同时"环保投资强度	**0.788**	-0.240	0.089
工业污染治理运行费用强度	**0.787**	-0.241	0.069

续表

原始指标	公因子		
	1	2	3
排污费征收强度	**0.744**	0.162	-0.183
平均每百个工业企业的地方性环境法规数	0.031	0.290	**0.765**
平均每百个工业企业的地方性环境行政规章数	-0.088	0.066	**0.836**
平均每个工业企业的环保系统人员数	-0.099	**0.946**	0.163
平均每百个工业企业的环保机构数	-0.131	**0.902**	0.211

由表4-3可以看出,第一个公因子在工业污染源治理投资强度、建设项目"三同时"环保投资强度以及工业污染治理运行费用强度、排污费征收强度四个指标上载荷值较大,这四个指标主要反映各地区经济型环境规制强度。其中,工业污染源治理投资强度和建设项目"三同时"环保投资强度为投资型环境规制,工业污染治理运行费用强度和排污费征收强度为费用型环境规制(原毅军和刘柳,2013),所以本书将第一个公因子命名为经济型环境规制因子。第二个公因子在平均每个工业企业的环保系统人员数、平均每百个工业企业的环保机构数两个指标上载荷值较大,这两个指标主要反映政府相关部门对环境的执法监管,所以我们将第二个公因子命名为执法管制型环境规制因子。第三个公因子在平均每百个工业企业的地方性环境法规数、平均每百个工业企业的地方性环境行政规章数两个指标上的载荷值较大,这两个指标则主要体现各地区相关政府部门对环境问题所进行的立法监管,所以我们将第三个公因子命名为立法管制型环境规制因子。采用回归方法我们可以得到三个公因子的得分 ER_1、ER_2 和 ER_3。

利用各个公因子各自的方差贡献率占总方差贡献率的比重作为权重,可以计算得到环境规制的综合因子得分 ER,即为后文实证分析中的环境规制综合指标。计算公式如下:

$$ER = (31.879 \times ER_1 + 24.254 \times ER_2 + 17.613 \times ER_3) / 73.746 \qquad (4-4)$$

(三)行业及其他地区变量

1. 行业污染密集度变量（PI_k）

从现有研究来看,行业污染密集度主要有两种衡量方法:第一种是基于污染治理成本计算行业污染密集度。如 Smarzynska 和 Wei（2001）将每一行业中企业污染治理支出的中位数除以企业平均销售额作为该行业的污染密集度。另外，为了防止异常值的影响，他们将行业污染密集度进行赋值转换，构造了行业污染密集度指数。具体来说，将污染密集度位列最低的 33% 之内的赋值为 0，将污染密集度位列最高的 33% 的赋值为 2，其余的均赋值为 1。Cole 和 Elliott（2007）则构造了环境治理资本费用占总资本费用的比重来衡量英国的行业污染密集度。然而，由于中国没有公布各个行业的污染治理投资的数据，这个指标在中国无法使用。第二种是基于污染物排放水平计算行业污染密集度。如 Eskeland 和 Harrison（2003）基于实际的污染物排放（包括空气中的颗粒物、生物需氧量、有毒物质）测算了美国制造业的污染密集度。赵细康（2003）则基于中国单位产值的各类污染物（废水、废气、固体废弃物）排放量，按等权加和平均得到行业污染密集度。傅京燕和李丽莎（2010）、李玲和陶锋（2012）基于赵细康的做法，先对各行业单位销售收入的污染物（工业废水、废气、固体废弃物）排放进行线性标准化，然后采取等权加和平均的方法确定各个行业的污染密集度。

本书将采用第二种方法，并借鉴李玲和陶锋（2012）的思想，其中污染物包括工业废水、废气、化学需氧量、氨氮、二氧化硫、烟（粉）尘[①]。此外，由于工业废水水质最主要的污染指标之一是化学需氧量，工业废气中的主要污染物排放的是工业氨氮、二氧化硫和烟（粉）尘，因此为避免重复，本书也利用工业化学需氧量、氨氮、二氧化硫和烟（粉）尘计算了行业污染密集度。

需要指出的是，由于 2011 年中国对 2002 年版的国民经济行业分类与代码进行了修订，开始实施新的国民经济行业分类与代码（GB/T 4754—2011），所以中国分行业数据便出现了 2011 年之前与之后的行业不一致性。为了解决这个问题，本书进行了如下调整：①由于 2002 年版国民经济行业分类中没有开采辅助活动这一行业，而是将其归并至其他采矿业，鉴于这两个行业所占比重较小，本书将其直接去掉。②将 2011 年版国民经济行业分类中的酒、饮料和精制茶制造

---

① 之所以没有包括工业固体废弃物，是因为 2011 年中国对环境统计进行了较大调整，不再统计工业废物排放量；而工业氮氧化物也没有被包括在内，是因为 2011 年之后中国才进行氮氧化物排放量的分行业统计。

业与 2002 年版的饮料制造业等同看待，因为 2002 年版的饮料制造业的行业细分中已经包括酒和精制茶制造，只是名称有所调整。③关于 2011 年版的纺织服装、服饰业和皮革、毛皮、羽毛及其制品和制鞋业与 2002 年版的纺织服装、鞋、帽制造业和皮革、毛皮、羽毛（绒）及其制品业，由于制鞋业的归属问题，造成两个行业 2011 年之前和之后的数据有交叉，所以将两个行业合并。④将 2011 年之前的橡胶制造业和塑料制造业合并为 2011 年版行业分类中的橡胶和塑料制造业。⑤将 2011 年之后的汽车制造业和铁路、船舶、航空航天和其他运输设备制造业合并为 2002 年版国民经济行业分类中的交通运输设备制造业。⑥2002 年版国民经济行业分类中的文教体育用品制造业以及工艺品及其他制造业重新划分调整为2011 年版国民经济行业分类中的文教、工美、体育和娱乐用品制造业以及其他制造业，这会导致 2011 年之前和之后两个行业的数据有交叉，所以将两个行业合并。⑦2002 年版国民经济行业分类的仪器仪表及文化、办公用机械制造业中的文化、办公用机械制造业在 2011 年版中调至通用设备制造业，2011 年版国民经济行业分类中只有仪器仪表制造业。由于文化、办公用机械制造业占比较小，所以这一差别忽略不计。⑧将 2011 年版国民经济行业分类中的金属制品、机械和设备修理业删掉，一是因为 2002 年版中没有这个行业细分，所以 2011 年之前没有这个行业的相关数据；二是因为中国工业上市公司中没有属于这个行业的公司。

2. 行业外部融资依赖度（FD_k）与地区金融发展水平（FL_j）变量

企业在进行投资时，不可能完全依赖自有资金，还需要外部融资支持。因此，在不同金融发展水平的地区，行业的外部融资依赖度不同，对企业投资行为的影响也会有所不同。其中，关于行业外部融资依赖度的测算，本书参考盛丹和王永进（2012）的做法，用自筹资金以外的资金来源占本年全部资金来源的比重来衡量。为了防止数据波动的影响，本书计算了 2007～2015 年的平均值作为行业的外部融资依赖度。对于地区的金融发展水平，本书选取了王小鲁、樊纲、胡李鹏等（2019）的金融市场化指数，并利用插值法对缺失数据年份进行了补充。

3. 行业资源依赖度（RE_k）与地区自然资源禀赋（NRE_j）变量

根据"要素禀赋假说"，企业进行投资决策时，如果在某一地区能够获得的自然资源禀赋收益远远超过环境规制遵从成本，即使在较高的环境规制强度之下，企业也会选址于此。从这个角度来讲，一个地区的自然资源禀赋对该地区的企业投资是有利的，特别是对于资源依赖度较高的行业中的企业而言。其中，行业资源依赖度以各行业自然资源投入占全部中间投入的比重来度量。本书的实证研究对象仅限于工业企业，所以文中自然资源投入主要指来自采矿业的投入。而地区自然资源禀赋以地区采矿业工业销售产值占全部统计行业工业销售产值的比重作为替代变量（盛丹和王永进，2012）。

需要指出的是，为防止地区自然资源禀赋的替代变量以及地区金融发展水平与被解释变量企业投资规模之间可能存在的双向因果关系导致模型产生内生性问题，本书将地区自然资源禀赋（NRE_j）和地区金融发展水平（FL_j）分别滞后一期。

（四）其他控制变量

为了使估计结果更为准确，在考察环境规制的企业投资规模效应的计量模型中引入一些反映企业特征的控制变量是有益的。根据相关研究文献，本书选取了如下控制变量：

现金持有量（cash）：以当年年末货币资金与交易性金融资产之和/上一年年末的固定资产净额表示，用以反映企业投资行为对现金的敏感性（Almeida and Campello，2006），换句话说，考察企业投资中是否面临融资约束。目前，由于中国的金融体系尚不健全，资本市场也并不完美，许多企业面临融资约束问题。而在融资约束下，企业内部现金持有量的多少将对企业投资行为产生重要影响（2009）。

企业规模（size）：以总资产净额的对数表示。一方面，企业的规模越大，意味着企业掌握的资源越多，投资的来源和渠道越广。因此，从这方面预期该变量与企业投资支出规模正相关。另一方面，企业规模的扩大可能会使其产生所谓的"大企业病"，管理效率降低，协调困难等，从而对企业投资决策产生不利影响。此外，本书还将按照企业规模的不同将全部样本企业进行分组。

企业报酬率（ROE）：以净资产报酬率表示，反映企业运用自有资本的获利能力对其投资行为的影响（李青原和王红建，2013）。

资产负债率（alratio）：以滞后一期的负债总额/资产总额表示（曾海舰，2012；李青原和王红建，2013）。在股东和债权人之间存在信息不对称以及代理冲突的情况下，根据前文理论所述，企业较差的资产负债状况可能会导致较高的外部融资溢价，加大融资成本，进而对企业投资行为产生不利影响。

企业成长机会（*growth*）：以营业收入增长率表示①，反映企业业务成长机会对其投资行为的影响（潘越等，2009）。

企业年龄（*age*）：以成立时间的对数表示（Biddle et al.，2009；李万福等，2011），企业年龄代表企业的发展阶段，而不同发展阶段的企业往往投资行为也会呈现一定的差异性。

四、样本选取与数据来源

本书的样本区间为2007~2015年②。研究对象为中国A股工业上市公司，一类受环境规制影响最为明显的公司。不过，本书剔除了其中的ST公司和当年IPO的公司，因为ST和当年IPO公司的投资行为明显异于其他公司（王义中和宋敏，2014）。因此，本书的研究样本构成了非平衡面板数据。工业上市公司的数据主要来自Wind数据库。而且，为了防止异常值的影响，本书对工业上市公司的企业投资规模变量进行了缩尾处理（Winsorization），将处在分位数（2%，98%）之外的观测值分别用2%和98%分位数值来代替。

此外，除以上工业上市公司数据外，本书的地区变量仅包括中国30个省份，不含台湾省、香港特别行政区、澳门特别行政区，由于西藏自治区变量缺失数据较多，因此本书的研究样本也不包括该地区的工业上市公司。环境规制和行业污染密集度变量的数据主要来自2008~2016年《中国环境年鉴》，各地区分行业工业销售产值的数据来自2008~2016《中国工业（经济）统计年鉴》，各个行业的自然资源投入数据来自2007年、2010年、2012年、2015年《投入产出表》，金融市场化指数来自王小鲁、樊纲、胡李鹏等（2019）的《中国分省份市场化指数报告（2019）》，其他地区和行业层面的数据主要来自历年《中国统计年鉴》

---

① Tobin's Q比率是常见的衡量企业成长机会的代理变量，然而，如辛清泉等（2007）所指出的，在中国证券市场中，股权分置改革、"政策"市等交织作用，使得Q比率不能很好地作为成长机会的代理变量。

② 之所以选择2007年作为起始年份，是由于2007年中国开始实施新的《企业会计准则》，相较于之前的会计准则做出了较大调整，特别是投资类指标，如短期投资、长期债权投资等；之所以选择2015年作为结束年份，是因为中国生态环境部以第二次全国污染源普查成果为基准，依法对2016~2019年污染源统计初步数据进行了更新，导致2016年之后数据与以前年份不可比。

以及中经网统计数据库。

五、内生性及其他相关问题的处理

在本书的研究中，环境规制与企业投资行为在一定程度上可能存在着相互作用，互为因果关系。一方面，环境规制会对当期的企业投资行为产生影响；另一方面，企业投资行为的变化可能反过来又对政府规制部门的行为产生影响，在企业投资规模出现大幅下滑时，政府出于政绩或者经济绩效方面的考虑，可能会对环境规制强度进行调整。此外，环境规制由于其自身的复杂性所导致的测量偏误以及遗漏变量问题（如遗漏一些地区性某些难以量化的因素，如制度、隐形优惠政策因素等），也可能导致内生性问题的产生。因此，为了防止内生性问题的存在造成估计偏误，本书将在普通面板模型估计的基础上选择恰当的工具变量进行两阶段最小二乘估计。在样本容量较大的情况下，运用工具变量法一般能够得到更有效的估计结果。

在工具变量的选择方面，从国内外的相关研究来看，目前环境规制比较常见的工具变量主要包括：政府支出（Jug and Mirza，2005）、婴儿死亡率、人口密度（Xing and Kolstad，2002）、人均收入或人均 GDP（Cole and Elliott，2003）、城镇化率（Millimet and Roy，2011）、文盲率（彭可茂等，2013）、能源消费（王杰和刘斌，2014）等。经过工具变量的识别不足检验、弱工具变量检验，本章选取各地区滞后一期的人口密度作为工具变量。需要指出的是，一般来说，一个有效的工具变量需要满足两个条件：一是与模型中的残差项无关，即外生性要求，二是与内生解释变量相关。本书之所以选取这一工具变量，首先，从外生性角度考虑，本书所选用的滞后一期的人口密度属于历史变量，企业投资行为不会影响这个历史变量，而且地区人口密度的高低也不会直接影响当期企业的投资决策与行为，这样能更好地满足外生性要求。其次，从与内生解释变量——环境规制的相关性来看，人口密度与环境规制的关系也较为密切，人口密度的高低能够在一定程度上反映各地区过去和当前的经济社会发展水平，进而影响当前的环境规制水平。一般来讲，各地区过去的人口密度越高，其经济社会发展水平会相对较高，当前的环境规制强度也会相对越高。因此，滞后一期的人口密度满足工具变量的条件。

另外，为防止解释变量之间可能存在的多重共线性带来的估计偏误，本书首先考察了解释变量之间的相关系数，发现其绝对值都小于 0.4，而且方差膨胀因子（VIF）的均值也远小于 10，因此，在本书的计量模型中多重共线性程度非常低，并不会给估计结果带来不良影响。本书的数据处理和估计都是借助于 Stata 15.0 软件来完成的。

第二节　环境规制影响企业投资规模的总效应及其差异性

基于前文构建的计量模型，本节将分别就环境规制影响企业投资规模的总效应及其差异性进行严格的实证考察，并在此基础上进行较为详细的稳健性检验。

一、环境规制影响企业投资规模的总效应分析

（一）初步估计结果分析

本部分将利用面板数据的估计方法实证检验环境规制影响中国工业上市公司投资规模的总效应。需要注意的是，本部分使用第一个企业总投资率指标 Inv_1 作为被解释变量进行分析。在估计之前，首先需要确定应该使用混合估计模型、固定效应模型还是随机效应模型。在将全部控制变量引入后，F 统计量值为 4.05，p 值为 0.00，因此可强烈拒绝原假设，认为固定效应模型估计优于混合估计，应该允许每个个体拥有自己的截距项。进一步地，Hausman 检验的 χ^2 统计量为 67.55，p 值为 0.00，所以可以强烈拒绝原假设，应该选用固定效应模型，而不是随机效应模型。

为增强估计结论的可靠性，本书采用了逐一引入控制变量的方法，估计结果如表 4-4 所示。由模型（1）至模型（6）的估计结果可以看出，所有模型中环境规制（ER）的影响系数均在 5% 或 10% 的水平下显著为正，说明理论假说 1b 得到证实，环境规制对中国工业上市公司的投资规模起到了促进作用。这表明在环境规制增强时，虽然中国工业上市公司面临的遵从成本压力增大，投资成本与

收益的不确定性也可能有所增加，但作为中国企业的优秀代表，他们能够借助自身的优势并采取一些策略行为很好地加以应对与消化，因而不仅没有抑制其投资支出规模，反而有所促进。

从其他控制变量来看，除企业年龄（age）外，其余控制变量均对中国工业上市公司的投资规模产生了显著性影响。其中，现金持有量（cash）、企业规模（size）、企业报酬率（ROE）和企业成长机会（growth）对工业上市公司投资规模的影响系数均在1%的水平下显著为正，表明具有较多的现金持有量、较大规模、较高的获利能力和较好的成长机会的工业上市公司均会增加投资支出，扩大规模。根据融资优序理论，获利能力较高的工业上市公司往往会有较多的留存收益，此时公司可以借助于内源融资的方式较为容易地筹集投资资金，较多的现金持有量也有类似作用，从而对公司扩大投资规模产生有利影响。对于中国工业上市公司来说，公司规模的扩大也促进了企业投资支出的增加，这与曾爱民等（2013）的研究结论相同，公司的规模越大，意味着其掌握的资源越多，从而有利于公司扩大投资。而成长机会较好的工业上市公司则往往具有良好的投资前景，这是企业扩大投资规模的前提。然而，资产负债率（alratio）对工业上市公司投资规模的影响系数在1%的水平下显著为负，资产负债率对工业上市公司的投资支出规模起到了抑制作用。工业上市公司滞后一期的资产负债率提高，意味着其杠杆率增加，需要按期偿还的本息即财务成本也会相应增加，这将弱化公司的投资能力，对公司的长期发展带来负面影响，这与李青原和王红建（2013）得到的研究结论完全一致。不过，企业年龄（age）对工业上市公司投资规模的影响系数并不具有统计显著性，表明在样本期内，企业成立时间的长短并没有显著影响工业上市公司的投资规模大小。

表4-4　环境规制影响企业投资规模的总效应（固定效应模型估计）

变量 \ 模型	(1)	(2)	(3)	(4)	(5)	(6)
环境规制（ER）	5.746**	5.883**	5.716**	5.574*	5.486*	5.534*
	(2.07)	(2.12)	(2.07)	(1.96)	(1.93)	(1.95)

续表

模型 变量	(1)	(2)	(3)	(4)	(5)	(6)
现金持有量 (cash)	0.002***	0.002***	0.002***	0.002***	0.002***	0.002***
	(32.78)	(32.56)	(30.89)	(27.22)	(27.10)	(26.94)
企业规模 (size)		11.620***	9.801***	19.183***	18.198***	18.745***
		(3.73)	(3.03)	(5.33)	(5.05)	(5.17)
企业报酬率 (ROE)			0.614***	0.603***	0.481***	0.472***
			(4.86)	(4.46)	(3.46)	(3.39)
资产负债率 (alratio)				−1.175***	−1.181***	−1.170***
				(−9.10)	(−9.15)	(−9.05)
企业成长机会 (growth)					0.185***	0.183***
					(3.74)	(3.70)
企业年龄 (age)						−40.767
						(−1.47)
常数项	39.955***	−100.463***	−83.598**	−143.482***	−133.415***	−42.064
	(10.36)	(−2.65)	(−2.13)	(−3.29)	(−3.06)	(−0.56)
个体	控制	控制	控制	控制	控制	控制
年份	控制	控制	控制	控制	控制	控制
观测值	10208	10208	10100	8587	8586	8586
R^2	0.132	0.133	0.130	0.138	0.139	0.139

注：括号内为估计系数对应的 t 统计量，＊、＊＊、＊＊＊分别表示在 10%、5%、1%的显著性水平下具有统计显著性。

（二）面板工具变量法估计结果分析

前文的分析已经初步验证在中国，环境规制对工业上市公司投资规模的扩大产生了有利影响。虽然面板数据能在一定程度上解决遗漏变量（个体异质性）问题，但如果回归模型本身含有内生解释变量，则仍需使用工具变量法。如前文所述，核心解释变量环境规制很有可能存在内生性问题。因此，为了对内生性问题进行控制，增加估计结果的稳健性，本书还使用滞后一期的人口密度作为工具变量进行了面板固定效应两阶段最小二乘（2SLS）估计，其结果如表 4-5 所示。另外，为了克服各公司间可能存在的而又无法识别的异方差问题，后文的分析中均采用了怀特异方差修正的稳健标准误（Robust Error）。

从工具变量的检验来看，Kleibergen-Paap rk LM 统计量的 p 值均为 0.0000，因此可以强烈拒绝不可识别的原假设；Kleibergen-Paap rk Wald F 统计量也远远大于 Stock-Yogo 检验 10% 水平下的临界值，因此弱工具变量的原假设也被强烈拒绝。由以上检验可以看出，本书选取的工具变量是合理的。

表 4-5　环境规制影响企业投资规模的总效应（面板工具变量法估计）

变量 ＼ 模型	(1)	(2)	(3)	(4)	(5)	(6)
环境规制 (ER)	26.356**	27.296***	26.400**	24.698**	24.401**	23.522**
	(2.54)	(2.63)	(2.54)	(2.40)	(2.37)	(2.23)
现金持有量 (cash)	0.002***	0.002***	0.002***	0.002***	0.002***	0.002***
	(12.50)	(12.41)	(11.61)	(11.30)	(11.24)	(11.34)
企业规模 (size)		21.849***	22.201***	26.845***	26.316***	22.613***
		(4.59)	(4.26)	(5.04)	(4.95)	(4.02)
企业报酬率 (ROE)			0.498***	0.541***	0.429***	0.456***
			(3.98)	(4.34)	(3.43)	(3.60)
资产负债率 (alratio)				−1.180***	−1.186***	−1.197***
				(−7.43)	(−7.46)	(−7.55)
企业成长机会 (growth)					0.167***	0.175***
					(2.74)	(2.86)
企业年龄 (age)						50.233**
						(2.05)
Kleibergen-Paap rk LM 统计量	293.339	296.561	296.236	296.884	296.562	304.855
	[0.0000]	[0.0000]	[0.0000]	[0.0000]	[0.0000]	[0.0000]
Kleibergen-Paap rk Wald F 统计量	316.858	326.589	326.816	327.046	326.853	350.201
	{16.38}	{16.38}	{16.38}	{16.38}	{16.38}	{16.38}
个体	控制	控制	控制	控制	控制	控制
年份	控制	控制	控制	控制	控制	控制
观测值	8676	8675	8675	8584	8584	8583

注："（ ）"内为估计系数对应的稳健 t 统计量，"［ ］"内为统计量对应的 p 值，"{ }"内为 Stock-Yogo 检验 10% 水平下的临界值；*、**、***分别表示在 10%、5%、1% 的显著性水平下具有统计显著性。

从估计结果来看，环境规制（ER）对工业上市公司投资规模的影响系数全部在5%或1%的水平下显著为正，这与之前普通面板固定效应估计的结论相一致，环境规制的增强显著促进了中国工业上市公司投资规模的扩大，再次印证了理论假说1b的成立。除企业年龄（age）外，其余控制变量系数及显著性与之前相比变化不大，其经济学含义这里不再一一赘述。

二、环境规制影响企业投资规模的差异性分析

在对环境规制影响企业投资规模的总效应进行实证研究的基础上，本部分将进一步基于环境规制、行业、企业规模的异质性对环境规制影响企业投资规模的差异性进行实证检验，即对理论假说2进行验证。

（一）不同环境规制工具的影响差异性分析

根据模型（4-1），本书实证检验了不同环境规制工具对工业上市公司投资规模的影响效应，估计结果报告在表4-6中。可以看出，在中国，不同类型的环境规制工具对工业上市公司投资规模的影响效应的确存在差异性。

首先，经济型环境规制（ER_1）对工业上市公司投资规模的影响系数在5%的水平下显著为正，经济型环境规制强度的提高有利于工业上市公司扩大投资规模。这表明在经济型环境规制之下，虽然工业上市公司会面临一定的环境投资和费用支出，但是他们能将这种环境规制政策内化到公司的生产经营决策之中，公司进行投资决策时能更加准确地计算成本与收益，且能更加灵活地选择遵循环境规制的手段和措施，因此能够对公司产生激励作用，对公司增加投资支出产生有利影响。

其次，执法管制型环境规制（ER_2）对工业上市公司投资规模的影响系数在10%的水平下显著为正，且大于经济型环境规制的影响系数，这意味着执法管制型环境规制强度的提高对工业上市公司投资支出的扩大产生更大幅度的促进作用。这在一定程度上说明一旦环保机构的执法监管力度加大，虽然工业上市公司的遵从成本增加，但工业上市公司迫于监管压力，仍将会选择更为严格地遵从环境规制政策，加大污染治理相关投资，当然也有可能收缩现有生产规模，扩大对外投资支出，进而总投资率也会有较大提高。

最后，立法管制型环境规制（ER_3）对工业上市公司投资规模的影响系数也在5%的水平下显著为正，且远远大于经济型和执法管制型环境规制的影响系数，说明在立法管制型环境规制下，工业上市公司投资规模的扩大最为明显。这在一定程度上表明，在中国，单纯的立法管制型环境规制存在较大的不确定性，它不仅很难对公司的污染行为立即产生约束力，进而出现环境书面法律"非完全执行"的情况，而且会促使企业更倾向于持观望等待态度，从而使得这种类型的环境规制不会给企业立即造成较大的规制遵从成本压力。因此，在立法管制型环境规制之下，企业总投资率的增加最多。

表4-6　不同环境规制工具对企业投资规模的影响效应

变量＼模型	（1）	（2）	（3）
经济型环境规制（ER_1）	11.967 **		
	(2.09)		
执法管制型环境规制（ER_2）		30.782 *	
		(1.70)	
立法管制型环境规制（ER_3）			47.172 **
			(2.51)
现金持有量（cash）	0.002 ***	0.002 ***	0.002 ***
	(11.40)	(11.38)	(10.92)
企业规模（size）	22.643 ***	21.145 ***	21.655 ***
	(4.03)	(3.76)	(3.71)
企业报酬率（ROE）	0.452 ***	0.441 ***	0.504 ***
	(3.57)	(3.46)	(3.53)
资产负债率（alratio）	-1.193 ***	-1.169 ***	-1.236 ***
	(-7.54)	(-7.39)	(-7.38)
企业成长机会（growth）	0.169 ***	0.174 ***	0.179 ***
	(2.97)	(2.84)	(2.79)
企业年龄（age）	42.375 **	-9.992	13.622
	(2.27)	(-0.33)	(0.43)
个体	控制	控制	控制

续表

模型 变量	(1)	(2)	(3)
年份	控制	控制	控制
观测值	8583	8583	8583

注：括号内为估计系数对应的稳健t统计量，＊、＊＊、＊＊＊分别表示在10%、5%、1%的显著性水平下具有统计显著性。

(二) 不同污染密集度行业的影响差异性分析

如前文所述，环境规制对不同污染密集度行业中的企业投资规模的影响可能具有一定差异性。虽然本书在前面的分析中控制了个体固定效应，但只是尽可能地消除个体差异包括所处行业差异的影响，分析比较宽泛，而不能专注于行业污染密集度这一关键特征进行深入细致探讨。因此，本部分将采用模型（4-3）将地区环境规制与行业污染密集度共同纳入一个分析框架进行考察。

表4-7报告了估计结果，其中列（1）和列（2）采用的是六种污染物计算的行业污染密集度，而列（3）和列（4）采用的是四种污染物计算的行业污染密集度。从四个模型的估计结果可以看出，行业污染密集度与地区环境规制的交互项（PI×ER）系数在5%的水平上显著为负，这与前文理论假说部分的分析结论相一致，虽然环境规制能够从总体上促进工业上市公司投资规模，但是，对于污染密集度较高的行业中的工业上市公司而言，环境规制强度的提高对其投资规模却起到了抑制作用。相对而言，高污染密集度的公司遵从环境规制需要支出更多，要实现创新补偿收益所需的技术创新力度也更大，同时由于信号传递使其面临的融资约束更加严重，这些不利条件最终导致环境规制对污染密集度较高的工业上市公司的投资规模有所抑制。因此，环境规制对污染密集型行业中公司的发展提出了更高的要求，这类公司亟须实现优化升级，提升绿色发展水平。

此外，从列（1）和列（3）中可以看出，在没有加入企业控制变量之前，行业外部融资依赖度与地区金融发展水平的交互项（FD×FL）系数在10%的水平下显著为正。这表明在中国，金融发展水平高的地区往往具有一定的资金优势，外部融资依赖度较高的行业中的工业上市公司会在此投资更多，工业上市公司的投资行为表现出一定的资金导向。不过，资源依赖度较高的工业上市公司的投资行为却没有表现出明显的资源导向，行业资源依赖度与地区自然资源禀赋的交互项系数在四个模型中均不具有统计显著性。

表4-7　不同污染密集度行业中环境规制对企业投资规模的影响效应

变量＼模型	（1）	（2）	（3）	（4）
环境规制（ER）	37.842 **	36.720 **	39.359 **	42.175 **
	(2.35)	(2.18)	(2.35)	(2.41)
行业污染密集度与地区环境规制的交互项（PI×ER）	−22.589 **	−21.507 **	−37.579 **	−38.688 **
	(−2.22)	(−2.07)	(−2.24)	(−2.26)
行业外部融资依赖度与地区金融发展水平的交互项（FD×FL）	26.260 *	4.772	25.410 *	11.027
	(1.72)	(0.29)	(1.67)	(0.67)
行业资源依赖度与地区自然资源禀赋的交互项（RE×NRE）	89.112	64.107	87.555	−70.837
	(0.38)	(0.26)	(0.37)	(−0.29)
现金持有量（cash）		0.002 ***		0.002 ***
		(11.35)		(11.36)
企业规模（size）		21.877 ***		19.212 ***
		(3.88)		(3.39)
企业报酬率（ROE）		0.480 ***		0.510 ***
		(3.79)		(4.00)
资产负债率（alratio）		−1.211 ***		−1.198 ***
		(−7.62)		(−7.49)
企业成长机会（growth）		0.161 ***		0.130 **
		(2.62)		(2.12)
企业年龄（age）		49.722 *		87.816 ***
		(1.80)		(3.12)
个体	控制	控制	控制	控制
年份	控制	控制	控制	控制
观测值	8676	8583	8676	8583

注：括号内为估计系数对应的稳健 t 统计量，*、**、*** 分别表示在 10%、5%、1% 的显著性水平下具有统计显著性。

（三）不同规模企业的影响差异性分析

为考察环境规制对不同规模企业投资规模影响效应的差异性，本书将全部工业上市公司按照资产规模（总资产净额）分为两类：大型企业和中小企业。首先，本书计算全部工业上市公司资产规模的中位数，将样本期内平均资产规模大于中位数的上市公司界定为大型企业，将平均资产规模在中位数以下的上市公司界定为中小企业。按照这种方法，本书将全部样本分为大型工业上市公司和中小工业上市公司两个子样本，并分别进行估计，结果如表 4-8 所示。其中，模型（1）和模型（2）给出了大型上市公司的估计结果，模型（3）和模型（4）给出了中小工业上市公司的估计结果。

表 4-8 环境规制对不同规模的企业投资规模的影响效应

模型 变量	大型工业上市公司		中小工业上市公司	
	（1）	（2）	（3）	（4）
环境规制（ER）	11.851	5.993	49.258**	58.391**
	(1.15)	(0.62)	(2.35)	(2.27)
现金持有量（cash）		0.002***		0.003***
		(6.21)		(10.09)
企业规模（size）		24.357***		16.768*
		(3.26)		(1.90)
企业报酬率（ROE）		0.337**		0.538**
		(2.48)		(2.36)
资产负债率（alratio）		-0.934***		-1.347***
		(-4.80)		(-5.44)
企业成长机会（growth）		0.271***		0.053
		(3.74)		(0.55)
企业年龄（age）		18.572		26.085
		(0.87)		(0.58)
个体	控制	控制	控制	控制
年份	控制	控制	控制	控制
观测值	4702	4674	3974	3909

注：括号内为估计系数对应的稳健 t 统计量，*、**、*** 分别表示在 10%、5%、1% 的显著性水平下具有统计显著性。

由表4-8可以看出，环境规制（*ER*）对中小工业上市公司投资规模的影响系数在5%的水平下显著为正。但是，环境规制对大型工业上市公司投资规模的影响系数并不具有统计显著性，也就是说，环境规制对中小工业上市公司投资规模的促进作用更加强劲。这表明在中国，面对环境规制，大型工业上市公司与中小上市公司对环境规制的敏感度的确存在非对称性，无论是从环境规制立法，还是从环境规制执法监管方面，大型工业上市公司的遵从压力更大，这降低了大型公司的盈利预期，从而使得环境规制对大型工业上市公司投资支出积极作用并未显现。与之不同的是，一方面，中小工业上市公司面临的实际环境规制略微宽松；另一方面，"船小好掉头"，在环境规制之下，中小工业上市公司由于自身资本和资产规模相对较小，因而能够更加灵活地做出规避和调整措施加以应对，进而使得环境规制对中小工业上市公司的负面压力得以消化吸收，环境规制对其投资规模的促进作用更强。

三、稳健性检验

为了保证分析结论的可靠性，本书还从以下两个角度进行了稳健性检验：

（一）稳健性检验Ⅰ：调整估计方法

虽然工具变量的弱识别检验表明，本书所选用的工具变量不存在弱识别问题。但是为了稳健起见，本书使用了对弱工具变量更不敏感的有限信息最大似然估计法（Limited Information Maximum Likelihood Estimation，LIML）进行估计，这样得到的估计结果更优。估计结果如表4-9所示。

通过与之前基于工具变量的面板固定效应2SLS估计结果（见表4-5）进行比较，发现环境规制、经济型环境规制、执法管制型环境规制、立法管制型环境规制以及地区环境规制与行业污染密集度的交互项的系数大小及其显著性与前者非常接近，其他地区与行业变量的交互项、企业层面的控制变量的结果也基本相同。这表明本书面板固定效应2SLS的估计结果并不存在潜在的弱工具变量问题，因而回归结果具有稳健性。

（二）稳健性检验Ⅱ：调整企业投资规模指标

鉴于目前衡量企业投资规模的指标尚未统一，为保持本书研究结论的可靠性，本书将调整企业投资规模指标再次进行估计。在本部分，本书将采用基于资产负债表中的固定资产、无形资产、流动资产、金融资产以及长期股权投资构建的第二个企业投资规模指标 Inv_2 作为被解释变量，加入企业特征控制变量后，就环境规制影响企业投资规模的总效应及其差异性的估计结果报告在表 4-10 中。从中可以看出，除回归系数的统计显著性略有下降外，其余的结论均与之前基本一致。因此再次说明，本书的回归结果是稳健的。

表 4-9 稳健性检验：环境规制的企业投资规模效应（调整估计方法）

模型 变量	(1)	(2)	(3)	(4)	(5)	大型企业 (6)	中小企业 (7)
环境规制 （ER）	23.522** (2.23)				36.720** (2.18)	1.876 (0.20)	58.391** (2.27)
经济型环境 规制（ER_1）		11.978** (2.21)					
执法管制型环境 规制（ER_2）			36.110* (1.77)				
立法管制型 环境规制（ER_3）				50.217** (2.51)			
$PI \times ER$					−21.507** (−2.07)		
$FD \times FL$					4.772 (0.29)		
$RE \times NRE$					64.107 (0.26)		
现金持有量 （cash）	0.002*** (11.35)	0.002*** (11.36)	0.002*** (11.43)	0.002*** (10.90)	0.002*** (11.35)	0.002*** (6.19)	0.003*** (10.09)
企业规模 （size）	22.613*** (4.03)	22.699*** (4.05)	21.387*** (3.80)	21.680*** (3.70)	21.877*** (3.88)	23.564*** (3.15)	16.768* (1.90)
企业报酬率 （ROE）	0.456*** (3.60)	0.458*** (3.63)	0.403*** (3.27)	0.507*** (3.51)	0.480*** (3.79)	0.330** (2.41)	0.538** (2.36)
资产负债率 （alratio）	−1.197*** (−7.56)	−1.193*** (−7.55)	−1.174*** (−7.41)	−1.239*** (−7.36)	−1.211*** (−7.62)	−0.930*** (−4.78)	−1.35*** (−5.44)

续表

变量＼模型	(1)	(2)	(3)	(4)	(5)	大型企业 (6)	中小企业 (7)
企业成长机会 (*growth*)	0.175*** (2.86)	0.177*** (2.93)	0.161*** (2.64)	0.179*** (2.78)	0.161*** (2.62)	0.268*** (3.64)	0.053 (0.55)
企业年龄 (*age*)	50.233** (2.05)	40.857* (1.70)	40.368*** (3.23)	14.744 (0.46)	49.722* (1.80)	−33.479 (−0.84)	26.085 (0.58)
个体	控制	控制	控制	控制	控制	控制	控制
年份	控制	控制	控制	控制	控制	控制	控制
观测值	8583	8583	8583	8583	8583	4674	3909

注：括号内为估计系数对应的稳健 t 统计量，＊、＊＊、＊＊＊分别表示在 10%、5%、1%的显著性水平下具有统计显著性。

第三节　环境规制影响企业投资规模的传导效应检验

目前，国内外学者就环境规制的经济效应有一个共识，即环境规制的增强会使得企业的遵从成本增加，至少在短期或静态角度是如此。然而，通过本章第二节的实证检验我们发现，中国环境规制对工业上市公司投资规模的扩大起到了显著的促进作用。也就是说，在工业上市公司进行投资决策时，面对环境规制强度的提高所带来的成本压力，并没阻止其投资的积极性，反而出现了总投资率增加的情况。显然，环境规制对工业上市公司产生了某种刺激与激励，促使其能够充分发挥自身优势并采取一些策略行为很好地加以应对，那么环境规制如何促进了工业上市公司投资规模的扩大？结合本书第三章的机理分析，本节将采用中介效应方法就可能存在的市场势力效应（即理论假说 3）进行考察与验证，以期得到上述问题的答案。

表 4-10　稳健性检验：环境规制的企业投资规模效应（企业投资规模指标调整为 **Inv₂**）

模型 变量	(1)	(2)	(3)	(4)	(5)	大型企业 (6)	中小企业 (7)
环境规制 （ER）	31.218* (1.87)				74.412* (1.76)	16.340 (0.90)	59.691* (1.71)
经济型环境 规制（ER₁）		18.714* (1.84)					
执法管制型 环境规制（ER₂）			26.998* (1.86)				
立法管制型 环境规制（ER₃）				46.009* (1.80)			
PI×ER					−45.096* (−1.74)		
FD×FL					35.551 (1.34)		
RE×NRE					162.757 (0.57)		
企业特征 控制变量	控制	控制	控制	控制	控制	控制	控制
个体	控制	控制	控制	控制	控制	控制	控制
年份	控制	控制	控制	控制	控制	控制	控制
观测值	8589	8589	8589	8589	8589	4675	3914

注：括号内为估计系数对应的稳健 t 统计量，*、**、***分别表示在 10%、5%、1%的显著性水平下具有统计显著性。

一、中介效应方法介绍

在研究某一解释变量（X）对被解释变量（Y）的作用机理与路径时，中介效应方法是常用的方法之一。在很多问题的研究中，变量 X 与变量 Y 之间可能并不仅是直接的因果关系，变量 X 还可能会通过一个或几个中介变量（M）对变量（Y）产生间接影响，这种间接影响即为中介效应。

基于温忠麟和叶宝娟（2014）提出的新的中介效应检验流程，本书对中介效应方法做一简单介绍，具体如下：

为了简便，假设模型中所有变量都已标准化，变量 X、M、Y 之间的关系可以表示为：

$$Y=cX+\varepsilon_1 \tag{4-5}$$

$$M=aX+\varepsilon_2 \tag{4-6}$$

$$Y=c'X+bM+\varepsilon_3 \tag{4-7}$$

第一步，检验回归模型（4-5）的系数 c 是否具有统计显著性，如果检验结果表明具有统计显著性，那么可以按中介效应立论，否则按遮掩效应立论。

第二步，首先检验回归模型（4-6）的系数 a 是否具有统计显著性，然后检验回归模型（4-7）的系数 b 是否具有统计显著性。如果系数 a 和 b 都具有统计显著性，则认为间接效应显著，直接进行第四步；如果两个系数中至少有一个系数不具有统计显著性，则进行第三步。

第三步，用 Bootstrap 自举法直接检验 $H_0: ab=0$。如果拒绝原假设，则认为间接效应显著，接着进行第四步；反之，如果无法拒绝原假设，则认为不存在这种间接效应，就此停止分析。

第四步，检验回归模型（4-7）的系数 c' 是否具有统计显著性，如果 c' 不具有统计显著性，则表明不存在直接效应，只有中介效应。然而，如果 c' 具有统计显著性，且与 ab 具有相同的符号，则证明存在部分中介效应；如果与 ab 符号相反，则属于遮掩效应。具体检验流程如图4-1所示。

二、环境规制的市场势力效应检验

遵循上一部分的研究方法与研究思路，本部分将对市场势力效应这一传导路径的存在性进行验证。这部分的中介变量为企业的市场势力（MP）。企业的市场势力是指企业拥有的价格加成（Price Make-up）能力，企业可以利用各种手段实现价格与边际成本的偏离，如降低要素价格、提高技术水平、控制销售渠道等。从产业组织理论的视角，一般来说，企业的市场势力主要来源于规模经济、进入和退出壁垒条件、产品差异化等。如前文所述，环境规制的增强将提高行业的进入壁垒，降低退出壁垒，从而促使行业中在位企业市场势力的提升。

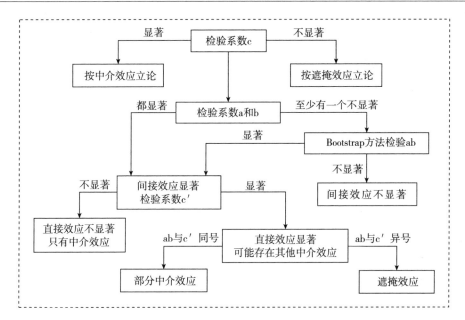

图4-1 中介效应检验流程

资料来源：温忠麟，叶宝娟．中介效应分析：方法和模型发展［J］．心理科学进展，2014，22（5）：731-745.

关于市场势力的衡量指标，目前常用的有勒纳指数（况伟大，2012）、价格成本加成 PCM（Cheung and Pascual，2004）、主营业务利润率标准差（陈志斌和王诗雨，2015）、超额营业利润率（Peress，2010）等。由于企业边际成本的数据难以获得，用劳动力成本来近似替代也存在一定的偏误，本书将借鉴 Peress（2010）的做法，使用超额营业利润率（Operating Profit Margin）作为企业市场势力的替代变量。在剔除行业间营业利润率差异的基础上，超额营业利润率较高的企业往往可以认为拥有较强的市场势力。在超额营业利润率的计算方面，首先，计算每一个企业的营业利润率，营业利润率＝营业利润/营业收入×100%。其次，计算每一行业中企业营业利润率的中位数。最后，将企业的营业利润率与行业平均营业利润率相减便得到企业的超额营业利润率。

第一步，将被解释变量企业总投资率对核心解释变量环境规制以及其余控制变量进行回归，计量模型如式（4-1）所示，得到的估计结果见表4-5，这里不再重复展示。由表4-5可以看出，环境规制对企业投资规模的影响系数在5%或

1%的水平下显著为正，可以按中介效应立论进行后面的第二步检验。

第二步，首先，将市场势力（MP）对环境规制及其他控制变量进行回归，观察环境规制对市场势力影响系数的统计显著性，其估计结果如表4-11中的列（1）所示。我们发现，在控制其他变量时，环境规制（ER）对工业上市公司市场势力的影响系数在10%的水平下显著为正，表明环境规制强度的增加促进了工业上市公司市场势力的提高。也就是说，环境规制的确发挥了优胜劣汰的筛选作用，提高了新企业进入的壁垒，使达不到环境规制要求的企业强制退出，进而提升了作为行业中优质企业代表的现有工业上市公司的市场势力。

其次，将被解释变量企业总投资率对环境规制、市场势力和其他控制变量进行回归，观察市场势力对企业总投资率影响系数的统计显著性。为使得检验结论更具稳健性，本书分别基于两个企业总投资率指标 Inv_1 和 Inv_2 进行了估计，其估计结果如表4-11的列（2）至列（3）所示。可以看到，市场势力对公司投资规模的影响系数也都显著为正，因而可以认为市场势力间接效应显著。

按照回归模型的检验要求，我们发现，在列（2）至列（3）的估计结果中，环境规制（ER）的系数虽然有所降低，但仍都在5%或10%的水平下显著为正，即环境规制对工业上市公司投资规模存在显著的直接效应。进一步地，环境规制对市场势力的影响系数和市场势力对公司投资规模的影响系数的乘积与环境规制对公司投资规模的直接影响系数同为正号，从而证明了以市场势力作为中介变量的部分中介效应的存在。也就是说，在中国，市场势力效应确实存在，环境规制通过影响公司的市场势力进而影响投资规模这一传导路径也是成立的，环境规制会通过提高工业上市公司的市场势力进而促进企业投资规模的扩大，即理论假说3得到验证。

表4-11 市场势力效应检验的估计结果

变量	MP	Inv_1	Inv_2
	（1）	（2）	（3）
环境规制（ER）	0.321*	22.728**	30.815*
	(1.82)	(2.06)	(1.84)

续表

变量	MP	Inv$_1$	Inv$_2$
	（1）	（2）	（3）
市场势力（MP）		0.681***	0.200*
		(2.95)	(1.85)
现金持有量（cash）	0.000***	0.002***	0.002***
	(7.74)	(11.32)	(17.42)
企业规模（size）	-0.531***	21.758***	34.856***
	(-3.94)	(3.88)	(8.98)
企业报酬率（ROE）	0.751***	0.033	0.709***
	(36.13)	(0.19)	(4.72)
资产负债率（alratio）	-0.016***	-1.141***	-1.273***
	(-2.73)	(-7.03)	(-10.20)
企业成长机会（growth）	0.038***	0.139**	0.400***
	(5.73)	(2.37)	(8.37)
企业年龄（age）	-1.507***	48.200***	-100.153***
	(-3.44)	(2.83)	(-5.90)
年份	控制	控制	控制
行业	控制	—	—
个体	—	控制	控制
观测值	8591	8582	8588

注：括号内为估计系数对应的稳健 t 统计量，*、**、*** 分别表示在 10%、5%、1% 的显著性水平下具有统计显著性。

第四节　本章小结

本章通过构建计量经济模型，基于中国 A 股工业上市公司 2007～2015 年的样本数据，实证检验了环境规制影响企业投资规模的总效应及其差异性。

首先，本章对环境规制影响企业投资规模的总效应进行了实证检验，结果发现，在控制了一系列企业特征因素后，环境规制水平的提高对工业上市公司的投资规模起到了显著促进作用。

其次，本章从环境规制、行业以及企业规模异质性的角度对可能存在的影响差异性进行了实证检验。第一，从环境规制的异质性角度，研究发现，在中国，虽然立法管制型、执法管制型和经济型环境规制都促进了工业上市公司投资规模的扩大，但相对而言，经济型环境规制的促进作用最小，而立法管制型环境规制的促进作用最大。第二，从行业污染密集度的异质性角度，研究发现，环境规制对污染密集度较高的行业中的公司投资规模的扩大有所抑制。第三，从企业规模的异质性角度，环境规制更加显著地促进了经营更加灵活的中小工业上市公司投资规模的扩大。此外，从调整估计方法和企业投资规模指标两个角度进行了稳健性检验，结果表明上述结论是稳健可靠的。

最后，本章还利用中介效应检验方法从市场势力效应角度探究了中国环境规制促使工业上市公司投资规模扩大的传导路径。结果表明，环境规制的确促进了工业上市公司市场势力的提高，从而进一步促进了公司投资规模的扩大。因此本书认为，综合来看，在环境规制水平提高时，工业上市公司会发挥自身优势并采取适当的应对措施与策略性行为，从而使得其在遵从成本增加的压力下，总投资率仍显著增加。

第五章 环境规制的企业投资方向结构效应的实证检验

遵循第三章的机理分析思路，本章将从企业投资方向结构的角度，进一步实证考察环境规制的企业投资行为效应及其差异性。

第一节 引言与理论假设

如第一章所述，按照投资方向的不同，企业投资行为可以分为内部投资行为和外部投资行为两大类。内部投资行为和外部投资行为的性质存在较大不同，企业进行内部投资一般是由于其对现有业务的发展前景看好，希望提高自身的生产经营能力。企业进行外部投资的主要目的则往往是获取金融资产的买卖差价或者股利、利息等投资收益以及实现多元化经营策略。企业的内部投资是其生存与发展的基石，如果没有企业自身经营能力和竞争实力作为保障，而是盲目进行多元化经营或者大量投资于高投机性、高风险的金融资产，则会对企业长期发展产生不利影响。不过内部投资行为和外部投资行为也是相辅相成、相互促进的，通过外部投资行为一方面可以拓展企业业务，降低综合经营风险，另一方面还可以通过金融资产投资行为实现快速收益。总之，企业的内部投资行为与外部投资行为只有实现有机结合，才能优化企业资源的配置，最终促进企业绩效和价值的提升。

一、引言

关于企业如何选择投资方向（如固定资产投资、无形资产投资、研发投资和长期股权投资等）、哪些因素影响企业投资方向的选择，国内外学者从政府干预、管理者过度自信、经理管理防御等角度进行了许多相关研究。

从政府干预的角度，Gentry 和 Wei（2013）认为，在私人利益的驱使下，在面临较大的外部分析预测压力时，存在较大政治关联的企业管理层将倾向于减少研发投资。连军等（2011）认为，若政府对企业经营进行较多干预，会促使企业加大固定资产投资，同时挤占一定的 R&D 投资，这对企业的长远发展是不利的。赵静和郝颖（2013）指出，对于转型经济体而言，固定资产投资是刺激 GDP 增长最快的方式。因此，在以 GDP 增长作为地方官员晋升考核的重要衡量指标的情况下，地方官员便具有动机干预企业进行固定资产投资。而且，在市场化水平较低的地区，地方政府的干预促使企业更加倾向于增加固定资产投资，并很有可能挤占技术资产投资。不过，在市场化水平较高的地区，固定资产投资的贡献已相对较弱，企业间竞争也在加剧，此时企业将更倾向于进行技术资产投资。

从管理者过度自信的角度，Hirshleifer 等（2012）认为，若 CEO 存在过度自信，则会进行更多的创新类投资，进而获得更多的专利。胡国柳和刘向强（2013）指出，固定资产投资、无形资产投资和长期股权投资在投资风险和收益方面存在较大差异，固定资产投资的未来现金流评估存在较大的不确定性，需承担的风险也相对较大；而无形资产包括专利权、商誉等，对提高企业竞争优势发挥非常重要的作用；长期股权投资则是以企业自身资源交换获取其他公司的股份，其投资收益的获取取决于被投资企业的经营业绩。由于过度自信的管理者往往容易低估投资失败的风险，更加看重企业的商誉，认为自己比其他企业的管理者更加优秀，所以，从理论上讲，管理者过度自信与固定资产投资、无形资产投资呈正相关关系，而与长期股权投资呈负相关关系。

从经理管理防御角度，Dyck 和 Zingales（2004）的研究证实，大股东出于控制权所能够带来的私人利益，更加倾向于进行固定资产类投资，减少研发类投资和其他技术资产投资，因为固定资产类投资是大股东控制权及私人利益的重要来源。郝颖等（2009，2012）则认为，固定资产投资具有有形性，其价值判断相对容易，外部股东或监管部门对固定资产投资的监督审查也相对容易；而无形资产投资具有无形性和较高的隐秘性，其价值判定存在较大的不确定性（Whitwell et al.，2007），进而外部股东或监管部门的监督难度也加大，这样从管理者谋取控制权以获取私利的角度来看，管理者更加倾向于对无形资产进行投资，特别是各类使用权。吴建祥和李秉祥（2014）认为，固定资产投资的增加直接促使企业规模的扩大，出于"帝国建设"的目的，管理者会倾向于增加固定资产投资，从而给自己带来权力、地位、职位巩固等私人利益；相比较而言，无形资产投资往往具有回报周期长、回报不确定性高的特点，为通过绩效考核的管理者往往对无形资产投资比较保守和谨慎，而更加倾向于能够迅速提高经营业绩的其他投资项目；而长期股权投资一方面能够增加企业的控制性资源，从而使得管理者出于"帝国建设"的目的而增加这类投资，另一方面长期股权投资由于受制于被投资企业的经营业绩，因此不确定性较高，从而使得管理者出于防御动机而降低长期股权投资水平。也就是说，经理管理防御对企业长期股权投资的影响存在不确定性。

然而，从目前的文献梳理来看，鲜见学者就环境规制对企业投资方向选择的影响进行系统研究。环境规制是政府相关部门出于消除环境污染的负外部性、实现环境与经济协调发展而对企业的经济活动进行的调节与规制，由于不同投向的企业投资行为的性质不同，导致其对环境规制的敏感度也会有所差异。因此，本章将探讨这一问题，并围绕其展开深入的实证研究。

二、理论假设

结合前文第三章关于环境规制的企业投资方向结构效应及其作用机理的分析，本部分提出以下几个理论假设：

（一）环境规制影响企业投资方向结构的总效应方面

在环境规制水平提高时，一方面，为达到环境规制标准，企业需要增加污染治理投资和技术研发投资，这些均属于内部投资行为，因此从这个方面看，环境规制有利于促进企业扩大内部投资行为；另一方面，环境规制使企业的规制遵从成本增加，进而使得短期内经营利润下降，加之环境规制给企业生产经营增添的不确定性因素，企业扩大现有生产项目规模的意愿会大幅降低，从而使生产性固定资产类的内部投资行为有所减少。由于生产性固定资产投资在企业内部投资总额中所占比重较大，因此，综合来看，环境规制会对企业的内部投资行为产生抑制作用。另外，在环境规制水平提高时，一方面，企业可能选择关闭高污染生产项目，采取多元化经营策略，对清洁型企业进行长期股权投资；另一方面，环境规制遵从成本的增加导致企业利润下降，此时企业进行金融资产投资将产生更大的收入效应和替代效应，这将导致企业有更多资金流向无污染、高投机性、高流动性、高收益的金融资产投资项目，从而使得环境规制对企业的外部投资行为产生促进作用。鉴于此，本章提出第一个理论假设：

理论假设1：环境规制会促进企业的外部投资行为，抑制企业的内部投资行为，进而使得企业投资方向结构呈现外部化偏向。

（二）环境规制对企业投资方向结构的影响差异性方面

首先，从环境规制的异质性角度，在立法管制型环境规制下，企业所受的环境约束较低，且面临的不确定性较高，此时企业进行污染治理投资、技术研发投资以及扩大企业规模的固定资产投资意愿将大幅降低，因此导致立法管制型环境规制对企业内部投资行为的抑制作用最大，其对外部投资行为的促进作用也相应最大。而在执法管制型环境规制之下，政府相关部门对企业污染行为监管更加严格，此时企业需要购买污染治理设备以达到环境规制标准。这样，执法管制型环境规制对企业内部投资行为的抑制作用也会有所弱化，甚至产生一定的促进作用。而在经济型环境规制下，企业可以将环境作为一种使用成本较为明确的非生产性投入要素纳入其生产经营以及投资决策之中，因此经济型环境规制对企业进行内部调整产生的激励作用往往最大，企业更有动力选择积极策略应对政府的环境规制——增加技术创新类内部投资。另外，经济型环境规制使企业面临的不确定性提高的幅度最小，进而对固定资产投资行为的延迟和抑制作用也有所下降。所以，比较来说，经济型环境规制对企业的内部投资行为抑制作用也较小。

其次，从行业污染密集度的异质性角度，对于处在较高污染密集度行业中的企业来说，在环境规制水平高的地区，其面临的环境规制遵从压力更大，此时企业愿意进行固定资产投资以扩大现有条件下的生产规模。为了生存和发展，如第五章指出的那样，企业可以选择两种策略应对：一是对现有生产项目进行污染治理和（或）进行清洁型生产技术研发，不过由于高污染型企业原有技术水平下的污染物排放量较高，通过技术研发取得创新补偿效应的难度也更大，这会在一定程度上抑制其技术创新以及污染治理的积极性；二是企业可以选择将污染较高的生产项目直接关闭，转而对其他清洁型企业进行长期股权投资，或者进行高投机性、高收益的金融资产投资，这样可以在降低污染的同时实现企业的最大化收益。对于高污染型企业来说，面对巨大的环境规制遵从压力，后一种策略选择实施起来难度相对更小一些。因此，对于高污染型企业而言，环境规制对其外部投资行为可能会产生进一步的促进作用。

最后，从企业规模的异质性角度，一方面，如前文所述，大型企业不仅面临的环境规制遵从压力相对更大，而且由于规制遵从成本存在规模经济性，因此，大型企业更愿意投入成本进行污染治理和技术研发；另一方面，大型企业对现有生产技术和生产工艺有着相对更强的路径依赖，且其现有生产规模较大，这均将使得大型企业放弃对现有生产进行绿色化改造和提升转向多元化经营的难度大大增加。因此，相对于中小企业而言，环境规制对大型企业外部投资行为促进作用和内部投资行为的抑制作用均会有所弱化。鉴于此，本书提出以下第二个理论假设：

理论假设2：环境规制、行业以及企业规模异质性的存在将导致环境规制对企业投资方向结构的影响存在差异性。

理论假设2a：执法管制型环境规制对企业外部投资行为的促进作用最小（抑或产生一定的抑制作用），而立法管制型环境规制对企业外部投资行为的促进作用最大。

理论假设2b：环境规制对较高污染密集度行业中的企业外部投资行为会产生一定的促进作用。

理论假设2c：相比于中小企业而言，环境规制对大型企业外部投资行为的促进作用有所弱化。

（三） 内部投资行为和外部投资行为的内部构成方面

如第三章机理分析中所指出的那样，在环境规制之下，企业可能采取积极的策略，比如，选择进行技术研发投资或基于多元化经营策略的长期股权投资，这对长期环境绩效的提升以及企业乃至整个经济的长远发展均会产生有利影响。因此，本书提出第三个理论假设，并对此进行验证。

理论假设 3：环境规制有利于促进企业的技术研发投资和长期股权投资行为。

第二节　研究设计

基于以上三个理论假设，本节将构建计量模型，利用 2007~2015 年中国工业上市公司的样本数据进行实证检验。

一、计量模型的设定

首先，针对理论假设 1，本部分构建了如下计量模型：

$$Outinv_{ijkt} = \beta_0 + \beta_1 ER_{jt} + \beta_2 Control_{ijkt} + u_k + \lambda_t + \varepsilon_{ijkt} \tag{5-1}$$

其中，下标 i、j、k 和 t 分别表示企业、地区、行业和年份；$Outinv$ 用来衡量企业的投资方向结构，采用外部投资占企业全部投资的比重表示。$Control$ 包括影响企业投资方向结构的一系列企业层面控制变量，分别是现金持有量（$cash$）、企业规模（$size$）、企业报酬率（ROE）、资产负债率（$alratio$）、企业年龄（age）和企业成长机会（$growth$），其定义仍然与第四章相同。此外，本章还控制了行业固定效应和时间固定效应。

其次，针对理论假设 2a 以及假设 2c 的实证检验采用的计量模型与公式（5-1）形式基本相同，只不过在理论假设 2a 的检验中将环境规制变量 ER 分别调整为三种类型的环境规制变量 ER_1、ER_2 和 ER_3，在理论假设 2c 的检验中进行了分样本回归。此外，针对理论假设 2b，本部分再次采用了引入行业污染密集度与地区环境规制的交互项方法，其模型形式如下所示：

$$Outinv_{ijkt} = \beta_0 + \beta_1 (PI_k \times ER_{jt}) + \beta_2 (FD_k \times FLdum_{jt}) + \beta_3 (RE_k \times NRE_{jt}) +$$
$$\beta_4 Control_{ijkt} + u_k + \lambda_t + \varepsilon_{ijkt} \tag{5-2}$$

最后，针对理论假设 3，本章构建了如下两个计量模型：

$$Trdinv_{ijkt} = \beta_0 + \beta_1 ER_{jt} + \beta_2 Control_{ijkt} + u_k + \lambda_t + \varepsilon_{ijkt} \tag{5-3}$$

$$Leinv_{ijkt} = \beta_0 + \beta_1 ER_{jt} + \beta_2 Control_{ijkt} + u_k + \lambda_t + \varepsilon_{ijkt} \tag{5-4}$$

在公式（5-3）和公式（5-4）中，$Trdinv$ 用来衡量企业的技术研发投资状况，借鉴王书斌和徐盈之（2015）的做法，用无形资产投资占企业全部投资的比重来表示；$Leinv$ 则用来衡量企业的长期股权投资状况，用企业当年长期股权投资的增加值占全部投资的比重来表示。

二、变量与数据说明

对于企业投资方向结构的衡量指标，本章将基于现金流量表中"投资活动产生的现金流出"中的各项细分指标构建。其中，虽然第一个细分指标"购建固定资产、无形资产和其他长期资产所支付的现金"不能涵盖企业的全部内部投资，但是这部分投资作为对企业长期发展非常重要的内部投资，能够在一定程度上反映企业的内部投资水平，因此本书将其作为内部投资的代理变量。第二个细分指标"投资所支付的现金"和第三个细分指标"取得子公司及其他营业单位支付的现金净额"主要是指企业的权益性、债权性投资支出以及整体购买一个子公司或其他营业单位所产生的现金支出净额，反映企业进行金融资产投资和长期股权投资的情况。需要说明的是，整体购买一个子公司或其他营业单位意味着收购其全部股权，这是典型的多元化经营路径。因此，本章将这两个细分指标求和，作为企业外部投资的代理变量。基于此，将外部投资总额除以企业全部投资总额（三个指标加总）便得到外部投资比重变量（$Outinv$）。另外，为了防止异常值的影响，本书对外部投资比重变量（$Outinv$）进行了缩尾处理，将处在分位数（2%，98%）之外的观测值分别用 2% 和 98% 分位数值来代替。

需要指出的是，为了防止衡量金融发展水平的金融市场化指数存在异常值对估计结果造成影响，参考 Smarzynska 和 Wei（2001）以及潘越等（2009）的做法，本章用虚拟变量 *FLdum* 表示地区金融发展水平，若工业上市公司所在地区的得分高于全国平均得分，则 *FLdum* 取值为 1，否则取值为 0。

三、估计方法说明及内生性问题的处理

与第四章的实证研究一致，本章仍以 2007～2015 年中国工业上市公司的数据作为研究样本，但是在估计方法的选择方面略有不同。这是因为，根据作者对外部投资变量的统计发现，每年都有大量观测值的外部投资为零，也就是说有的工业上市公司在某些年份并不进行外部投资，因此，本书的样本数据呈现显著的截尾特征。在这种情况下，如果继续使用 OLS 估计方法，无论是使用全部样本还是删掉外部投资为零的观测值样本，均无法得到具有一致性的估计结果（陈强，2014）。因此，本书选择使用 Tobit 截尾模型进行最大似然（MLE）估计。

此外，本章仍需要对可能存在的内生性问题进行控制与处理。企业的内部投资行为往往对环境规制有着较高的敏感度，因此，当企业的内部投资比例过低时，可能反过来给政府规制部门施加压力，从而对进一步的环境规制政策产生影响。不过，经过工具变量的识别不足检验，用弱工具变量检验发现，如果单一使用各地区滞后一期的人口密度作为工具变量，会使有的回归无法通过环境规制外生性的 Wald 检验，或出现工具变量的弱识别问题。因此，本书在其基础上加入 1996～2005 年各地区的能源消费强度均值的倒数作为工具变量。首先，1996～2005 年的能源消费强度属于历史变量，既不会受到企业投资行为的影响，也不会直接影响当期的企业投资决策，从而满足外生性要求。而且，各地区能源消费强度均与环境规制的关系较为密切，一个地区的能源消费强度越高，往往对环境的损害也相对较大，进而对当前的环境规制水平产生影响。

综上所述，能源消费强度的倒数也满足工具变量的条件。基于此，在使用 Tobit 截尾模型进行估计的基础上，本书还将进一步使用 IV-Tobit 方法进行估计。

第三节　环境规制影响企业投资方向结构的
总效应及其差异性

基于上一节的研究设计，本节将分别对环境规制影响企业投资方向结构的总效应及其差异性进行实证检验，并在此基础上进一步验证环境规制是否促使企业采取积极的策略性行为。

一、环境规制影响企业投资方向结构的总效应分析

（一）初步估计结果分析

根据上一节的估计方法说明，首先，本章将利用 Tobit 截尾模型就环境规制影响企业外部投资比重的总效应进行估计。为增强估计结论的稳健与可靠性，这里仍然采用了逐一引入控制变量的方法，估计结果如表 5-1 所示。在进行 Tobit 估计中，本书同时控制了行业和年份固定效应。而且，为了克服各公司间可能存在的而又无法识别的异方差，这里采用了怀特异方差修正的稳健标准误。

由表 5-1 可以看出，在模型（1）至模型（7）中，环境规制（ER）对企业外部投资比重的影响系数均在 1% 或 5% 的水平下显著为正，从而初步证实了理论假设 1 的成立。这说明在中国，环境规制的确显著促进了工业上市公司的外部投资行为，随着环境规制水平的提高，工业上市公司外部投资比重有所增加，投资方向结构的外部化偏向加剧。这是因为，对于工业上市公司而言，环境规制强度的提高不仅使得现有生产的规制遵从成本增加，更会使得新增生产项目的规制遵从成本增加。因此，环境规制的增强会使得对环境规制更加敏感的内部投资行为的吸引力降低。例如，公司如果此时进行扩大再生产，那么不仅需要进行基本的生产性固定资产投资，还需要额外资金投资于污染治理设施，或者使用新的生产工艺和新的生产线，这均将对投资资金提出更高的需求。然而，外部投资中的金融资产投资则基本不受环境规制影响，长期股权投资受环境规制的影响较小，因此公司更加倾向于将内部投资行为转向外部投资行为，能够产生更大的收入效应

和替代效应，产生更高收益的同时还能在一定程度上降低企业污染物的排放总量，进而促使公司外部投资行为的吸引力大幅提升。

表 5-1 环境规制影响企业投资方向结构的总效应（Tobit 估计）

模型 变量	(1)	(2)	(3)	(4)	(5)	(6)	(7)
环境规制 (ER)	1.584**	2.975***	1.932**	2.207***	1.825**	1.840**	1.836**
	(2.06)	(3.92)	(2.45)	(2.81)	(2.30)	(2.32)	(2.32)
现金持有量 (cash)		0.013***	0.016***	0.014***	0.014***	0.013***	0.013***
		(5.42)	(6.68)	(5.67)	(4.69)	(4.67)	(4.58)
企业规模 (size)			6.393***	5.534***	8.759***	8.654***	8.658***
			(14.63)	(12.44)	(16.34)	(16.18)	(16.15)
企业报酬率 (ROE)				0.244***	0.136**	0.147***	0.124**
				(4.77)	(2.40)	(2.60)	(2.13)
资产负债率 (alratio)					-0.549***	-0.582***	-0.581***
					(-16.29)	(-17.16)	(-17.12)
企业年龄 (age)						13.845***	14.143***
						(7.03)	(7.15)
企业成长机会 (growth)							0.036
							(1.56)
常数项	14.889***	7.840***	-81.973***	-72.671***	-93.085***	-126.09***	-126.80***
	(5.30)	(2.89)	(-12.08)	(-10.66)	(-12.28)	(-14.46)	(-14.49)
行业	控制	控制	控制	控制	控制	控制	控制
年份	控制	控制	控制	控制	控制	控制	控制
观测值	10219	10214	10214	10106	8598	8598	8597

注：括号内为估计系数对应的稳健 t 统计量，*、**、*** 分别表示在 10%、5%、1% 的显著性水平下具有统计显著性。

此外，从控制变量来看，在样本期内，现金持有量（cash）、企业规模（size）、企业报酬率（ROE）、资产负债率（alratio）和企业年龄（age）均对工业上市公司外部投资比重产生了显著影响。其中，现金持有量（cash）和企业报酬率（ROE）变量对工业上市公司外部投资比重的影响系数均在 1% 或 5% 的水平下显著为正，表明现金持有规模以及获利能力的提高均会增加工业上市公司的外部投资行为。若工业上市公司的现金持有规模较大、获利能力较强，意味着公司在维持当前主营业务良好运营的同时，还有能力向外寻找新的业务增长赛道，此时，公司表现出强烈的外部投资倾向。此外，企业规模（*size*）和年龄变量（*age*）对工业上市公司外部投资比重的影响系数也均在1%的水平下显著为正，这在一定程度上表明进入成熟发展阶段以及规模较大的上市公司往往具有较高的市场地位，利润也较为稳定，但是可能面临成长停滞的问题，此时公司会倾向于向外寻找投资机会，从而促使其外部投资比重有所提升。然而，资产负债率（*alratio*）变量对工业上市公司外部投资比重的影响系数均在1%的水平下显著为负，表明若上市公司的资产负债率较高，意味着其财务杠杆水平较高，此时银行往往不愿意再向公司提供借贷资金进行外部投资，特别是高投机性和高风险性的金融资产投资行为。需要指出的是，企业成长机会变量对工业上市公司外部投资比重的影响系数并不具有统计显著性，也就是说，具有较好成长性和发展前景的公司并没有表现出明显的外部投资偏向。

（二）IV-Tobit 估计结果分析

前文的估计结果已经初步证实了理论假设1，在中国，环境规制促进了工业上市公司外部投资比重的增加。考虑到可能存在的内生性问题，本部分运用IV-Tobit方法再次进行估计，以保证结果的稳健性与可靠性，估计结果如表5-2所示。

表5-2　环境规制影响企业投资方向结构的总效应（**IV-Tobit 估计**）

模型 变量	（1）	（2）	（3）	（4）	（5）	（6）	（7）
环境规制 （*ER*）	9.745*** (3.85)	8.599*** (3.40)	6.057** (2.32)	7.276*** (2.83)	5.875** (2.37)	5.412** (2.22)	5.481** (2.25)
现金持有量 （*cash*）		0.020*** (7.11)	0.023*** (7.87)	0.020*** (6.81)	0.015*** (5.28)	0.015*** (5.22)	0.015*** (5.14)
企业规模 （*size*）			5.043*** (10.24)	3.948*** (7.80)	7.623*** (13.72)	7.625*** (13.77)	7.622*** (13.73)

续表

模型 变量	(1)	(2)	(3)	(4)	(5)	(6)	(7)
企业报酬率 (*ROE*)				0.323*** (5.73)	0.182*** (3.21)	0.187*** (3.31)	0.166*** (2.85)
资产负债率 (*alratio*)					-0.513*** (-15.37)	-0.540*** (-16.00)	-0.539*** (-15.96)
企业年龄 (*age*)						10.127*** (5.10)	10.416*** (5.22)
企业成长机会 (*growth*)							0.033 (1.46)
常数项	19.157*** (5.66)	18.646*** (5.54)	-52.800*** (-6.95)	-40.982*** (-5.36)	-69.215*** (-8.92)	-94.809*** (-10.56)	-95.421*** (-10.59)
行业	控制	控制	控制	控制	控制	控制	控制
年份	控制	控制	控制	控制	控制	控制	控制
观测值	8693	8688	8688	8598	8598	8598	8597

注：括号内为估计系数对应的稳健 z 统计量，*、**、***分别表示在 10%、5%、1%的显著性水平下具有统计显著性。

首先，从环境规制的内生性检验来看，Wald 检验统计量对应的 p 值均小于 0.05，所以可以在 5% 的水平下拒绝原假设，认为环境规制变量存在内生性。其次，从工具变量的检验来看，IV-Tobit 两步法估计中，第一步回归结果显示 F 统计量的值较大，对应的 p 值均为 0.0000，而且两个工具变量的系数均具有统计显著性，故可以认为不存在弱工具变量问题。

根据表 5-2，从 IV-Tobit 的估计结果来看，在控制了环境规制变量的内生性问题后，环境规制（ER）对工业上市公司外部投资比重的影响系数仍然均在 1% 或 5% 的水平下显著为正，表明环境规制对工业上市公司的外部投资行为会产生较强的促进作用，从而再一次验证了理论假设 1 的成立。此外，其余变量的系数变化不大，这里不再一一赘述。

二、环境规制影响企业投资方向结构的差异性分析

在前文对环境规制影响工业上市公司外部投资比重的总效应进行实证检验的基础上，本部分将进一步就环境规制、行业以及企业异质性所导致的影响效应差异性（即理论假设2）进行实证检验。

（一）不同环境规制工具的影响差异性分析

根据模型（5-1），本部分估计了不同环境规制工具对工业上市公司投资方向结构的影响效应，结果见表5-3。从估计结果来看，的确如理论假设2a所述，不同类型的环境规制工具对工业上市公司外部投资比重的影响效应也有所差异。

由表5-3可以看出，比较而言，立法管制型环境规制（ER_3）对工业上市公司外部投资比重的影响系数在1%的水平下显著为正，且数值最大，说明立法管制型环境规制对工业上市公司外部投资行为的促进作用最强。相比之下，经济型环境规制（ER_1）的影响系数也在1%的水平下显著为正，但从数值大小来看，其远小于立法管制型环境规制的影响系数，说明经济型环境规制对工业上市公司的外部投资也产生了较小的促进作用。然而，执法管制型环境规制（ER_2）的影响系数在1%的水平下显著为负，表明这种类型的环境规制对工业上市公司的外部投资行为产生了显著的抑制作用。

这再一次证实了前文机理分析的结论，相比于其他两种类型的环境规制工具，在立法管制型环境规制之下，由于中国环境书面法律"非完全执行"以及不确定性因素的存在，工业上市公司对未来的环境规制强度及其给自身带来的影响缺乏明确的了解。因此，在当前的投资决策中工业上市公司会以利润最大化为目标，尽量回避对环境规制较为敏感的投资方向，此时受环境规制影响较小的外部投资更受青睐。相对而言，工业上市公司对经济型环境规制给其自身生产经营活动带来的影响（成本与收益等）则相对较为清楚，因此公司将更有动机、更愿意从总体上、从长远发展的角度协调内部与外部投资行为，以提高收益的同时实现公司生产经营能力和竞争力的提升，如扩大技术创新类内部投资改进生产工艺，提高清洁化生产水平以实现可持续发展等。所以，经济型环境规制对工业上市公司内部投资行为的抑制作用较小，对外部投资行为的促进作用也较小。与之

不同的是,在样本期内,当执法管制型环境规制强度增加时,工业上市公司将无法逃避,必须选择遵从环境规制,加大污染治理投资甚至技术创新类内部投资,进而呈现出执法管制型环境规制对外部投资的抑制作用。

表5-3 不同环境规制工具对企业投资方向结构的影响效应

变量 \ 模型	(1)	(2)	(3)
经济型环境规制(ER_1)	4.855*** (5.41)		
执法管制型环境规制(ER_2)		−10.520*** (−8.13)	
立法管制型环境规制(ER_3)			37.921*** (6.69)
现金持有量(cash)	0.014*** (4.94)	0.016*** (5.60)	0.011*** (3.62)
企业规模(size)	7.216*** (12.97)	7.576*** (14.12)	7.869*** (13.40)
企业报酬率(ROE)	0.162*** (2.77)	0.115* (1.94)	0.207*** (3.01)
资产负债率(alratio)	−0.520*** (−15.22)	−0.494*** (−14.24)	−0.543*** (−14.78)
企业年龄(age)	10.307*** (5.17)	8.380*** (4.16)	8.162*** (3.68)
企业成长机会(growth)	0.034 (1.53)	0.039* (1.71)	0.034 (1.33)
常数项	−92.546*** (−10.21)	−83.637*** (−9.04)	−76.409*** (−7.48)
行业	控制	控制	控制
年份	控制	控制	控制
观测值	8597	8597	8597

注:括号内为估计系数对应的稳健z统计量,*、**、***分别表示在10%、5%、1%的显著性水平下具有统计显著性。

（二）不同污染密集度行业的影响差异性分析

为验证理论假设 2b，本部分将基于模型（5-2）进行实证检验①，估计结果报告在表 5-4 中。其中，模型（1）和模型（2）仍是基于六种污染物计算的行业污染密集度的估计结果，而模型（3）和模型（4）是基于四种污染物计算的行业污染密集度的估计结果。

从表 5-4 的估计结果可以看出，在考虑行业的异质性后，行业污染密集度与地区环境规制交互项（PI×ER）系数在 1% 或 5% 的水平下显著为正。这表明对于工业上市公司而言，在环境规制强度高的地区，行业污染密集度较高的公司的确呈现出更为明显的外部投资倾向，理论假设 2b 得到证实。实际上，外部投资行为是这类公司在当前环境下实现生存和发展的一种最优选择。以工业上市公司——武汉钢铁股份有限公司（以下简称"武钢"）为例，作为污染密集度较高的黑色金属冶炼和压延加工业的一家上市公司，面对中国日益提高的环境规制水平以及行业景气程度的下降，武钢在深耕和提升主营业务发展的同时，更是一直在努力向其他非钢产业转型发展，如金融投资、海外矿产资源开发、高新技术、煤化工甚至养猪等行业。不可否认，工业上市公司的转型发展和多元化经营是多种因素共同作用的结果，但对于高污染型公司而言，环境规制是其中一个重要的影响因素。

表 5-4　不同污染密集度行业中环境规制对企业投资方向结构的影响效应

模型 变量	(1)	(2)	(3)	(4)
行业污染密集度与地区环境 规制的交互项（PI×ER）	5.655*** (2.82)	4.886** (2.52)	8.618*** (2.63)	7.340** (2.31)
行业外部融资依赖度与地区金融 发展水平的交互项（FD×FLdum）	33.123*** (5.94)	22.085*** (4.01)	32.800*** (5.89)	21.784*** (3.96)
行业资源依赖度与地区自然资源 禀赋的交互项（RE×NRE）	−94.955** (−2.20)	−45.864 (−1.08)	−96.538** (−2.22)	−46.475 (−1.09)

---

① 由于引入企业规模（size）控制变量后，工具变量没有通过检验，所以这里并未引入企业规模变量作为控制变量。

续表

变量＼模型	（1）	（2）	（3）	（4）
现金持有量（cash）		0.014 ***		0.014 ***
		(5.08)		(5.08)
企业报酬率（ROE）		0.332 ***		0.334 ***
		(5.88)		(5.92)
资产负债率（alratio）		-0.345 ***		-0.345 ***
		(-11.21)		(-11.21)
企业年龄（age）		9.270 ***		9.235 ***
		(4.58)		(4.57)
企业成长机会（growth）		0.032		0.032
		(1.44)		(1.42)
常数项	25.395 ***	9.785	25.521 ***	9.966
	(6.69)	(1.52)	(6.73)	(1.55)
行业	控制	控制	控制	控制
年份	控制	控制	控制	控制
观测值	8693	8597	8693	8597

注：括号内为估计系数对应的稳健 z 统计量，＊、＊＊、＊＊＊分别表示在 10%、5%、1% 的显著性水平下具有统计显著性。

（三）不同规模企业的影响差异性分析

本部分基于模型（5-1）采用分组回归的方法对理论假设 2c 进行了实证检验，估计结果如表 5-5 所示。模型（1）报告了大型工业上市公司的估计结果，模型（2）报告了中小工业上市公司的估计结果。

表 5-5 环境规制对不同规模的企业投资方向结构的影响效应

变量＼模型	大型工业上市公司	中小工业上市公司
	（1）	（2）
环境规制（ER）	3.474	9.807 **
	(1.20)	(2.25)

续表

模型 变量	大型工业上市公司 （1）	中小工业上市公司 （2）
现金持有量（cash）	0.018 *** （4.66）	0.011 *** （2.61）
企业规模（size）	6.933 *** （9.56）	15.717 *** （7.76）
企业报酬率（ROE）	0.181 *** （2.82）	0.070 （0.63）
资产负债率（alratio）	−0.530 *** （−12.74）	−0.555 *** （−9.67）
企业年龄（age）	7.099 *** （2.96）	12.347 *** （3.49）
企业成长机会（growth）	0.026 （0.97）	0.017 （0.43）
常数项	−79.610 *** （−7.06）	−189.405 *** （−6.49）
行业	控制	控制
年份	控制	控制
观测值	4680	3917

　　注：括号内为估计系数对应的稳健 z 统计量，*、**、*** 分别表示在 10%、5%、1% 的显著性水平下具有统计显著性。

　　根据表 5-5 的估计结果，我们发现，环境规制（ER）对中小工业上市公司投资方向结构的影响系数在 5% 的水平下显著为正，而环境规制对大型工业上市公司投资方向结构的影响系数虽然为正，但并不具有统计显著性，说明环境规制对大型工业上市公司外部投资比重并未产生显著的促进作用，从而证实了前文提出的理论假设 2d。综合来看，大型公司比中小公司的发展基础和实力相对更强，其掌握的资源也更多，但其生产经营活动转向调整的难度也相对更大，"船大掉头难"，因此，在面临环境规制压力时，大型公司首先会选择通过对内部的技术研发、污染治理等投资行为来消化这种规制压力。然而，对于中小公司来说，面对同样的环境规制压力，可能会首先选择对生产经营活动进行灵活调整，关闭某些高污染生产项目，将资金配置到能够带来更多利润的外部投资项目。因此，从企业规模异质性角度来看，环境规制对中小工业上市公司外部投资行为的促进作用更显著。

三、稳健性检验

为保证估计结果的稳健性，本书还采用基于资产负债表中的固定资产、无形资产、流动资产、金融资产和长期股权投资另外构建外部投资比重指标 $Outinv_2$[①] 再次进行估计。需要说明的是，本书将交易性金融资产投资、可供出售的金融资产投资、持有至到期投资以及长期股权投资均视为企业的外部投资。将新的企业外部投资比重指标 $Outinv_2$ 作为被解释变量对中国环境规制的企业投资方向结构效应的估计结果如表5-6所示。需要说明的是，为防止内生性问题的存在给估计结果带来偏误，这里仍使用工具变量进行两阶段最小二乘估计（2SLS）。

从表5-6的模型（1）和模型（2）中可以看出，环境规制（ER）综合水平对工业上市公司投资方向结构的影响系数仍在5%或10%的水平下显著为正，从而再次表明随着环境规制综合水平的增加，工业上市公司外部投资比重会显著提高。根据模型（3）至模型（5）的估计结果，从环境规制的异质性来看，经济型环境规制（ER_1）对上市公司外部投资比重的影响系数在10%的水平下显著为正，而立法管制型环境规制（ER_3）对工业上市公司外部投资比重的影响系数在5%的水平下显著为正，且数值大于经济型环境规制（ER_1）的影响系数，也就是说，立法管制型环境规制对工业上市公司外部投资比重的促进作用最为明显。而且，与之前的分析一致，执法管制型环境规制（ER_2）对工业上市公司外部投资比重的影响系数在1%的水平下显著为负。这说明在样本期内，执法管制型环境规制对工业上市公司的外部投资行为产生了显著的抑制作用。另外，根据模型（6）的估计结果，行业污染密集度与地区环境规制的交互项（$FD \times FLdum$）系数在1%的水平下显著为正，即在环境规制水平高的地区，较高污染密集度行业中

---

① 为防止出现混淆，将总投资小于零的样本删掉。

的公司的外部投资倾向更显著。综上所述，调整外部投资比重指标后的回归结果与之前基本一致，说明本书的回归结果具有稳健性。

表 5-6　稳健性检验：环境规制的企业投资方向结构效应

（外部投资比重调整为 $Outinv_2$）

变量 ＼ 模型	（1）	（2）	（3）	（4）	（5）	（6）
环境规制（ER）	31.716 **	28.464 *				
	(2.23)	(1.91)				
经济型环境规制（ER_1）			9.763 *			
			(1.90)			
执法管制型环境规制（ER_2）				−30.725 ***		
				(−3.41)		
立法管制型环境规制（ER_3）					66.391 **	
					(2.02)	
PI×ER						13.891 *
						(1.77)
FD×FLdum						105.991 ***
						(3.10)
RE×NRE						348.380
						(1.17)
现金持有量（cash）		−0.006	−0.003	0.011	−0.009	0.002
		(−0.31)	(−0.16)	(0.59)	(−0.47)	(0.10)
企业规模（size）		19.562 ***	19.769 ***	18.780 ***	21.203 ***	20.832 ***
		(4.53)	(4.61)	(4.45)	(4.95)	(4.84)
企业报酬率（ROE）		0.801 *	0.739 *	0.640	0.908 **	0.671
		(1.82)	(1.69)	(1.45)	(2.00)	(1.54)
资产负债率（alratio）		−0.582 **	−0.551 **	−0.356	−0.617 **	−0.559 **
		(−2.44)	(−2.30)	(−1.47)	(−2.54)	(−2.33)
企业年龄（age）		−14.060	−15.349	−29.769 **	−19.310	−18.165
		(−1.13)	(−1.24)	(−2.40)	(−1.52)	(−1.46)
企业成长机会（growth）		0.470 ***	0.474 ***	0.465 ***	0.474 ***	0.484 ***
		(3.58)	(3.62)	(3.56)	(3.57)	(3.70)

续表

变量	模型	(1)	(2)	(3)	(4)	(5)	(6)
常数项		-124.146*** (-4.75)	-390.790*** (-7.05)	-386.093*** (-6.98)	-295.220*** (-5.48)	-358.201*** (-6.09)	-406.320*** (-6.95)
行业		控制	控制	控制	控制	控制	控制
年份		控制	控制	控制	控制	控制	控制
观测值		6442	6427	6427	6427	6427	6427

注：括号内为估计系数对应的稳健 z 统计量，*、**、*** 分别表示在 10%、5%、1%的显著性水平下具有统计显著性。

四、进一步分析：环境规制与企业积极策略选择

为进一步分析环境规制对企业投资方向结构的影响效应，本部分将从企业积极策略的选择角度，实证考察环境规制是否有利于企业基于技术创新的技术研发投资以及出于多元化经营考虑的长期股权投资，即验证理论假设 3 是否成立。需要说明的是，这里的技术研发投资比重和长期股权投资比重指标均依据资产负债表中的数据计算所得。

（一） 环境规制及其异质性对技术研发投资的影响分析

基于模型（5-3），从内部投资行为角度，本部分考察了环境规制对企业技术研发投资比重的影响效应，估计结果报告在表 5-7 中。从模型（1）和模型（2）的估计结果可以看出，无论是否引入企业特征控制变量，环境规制（ER）对工业上市公司技术研发投资比重的影响系数均在 5%或 10%水平上显著为正。表明随着环境规制综合水平的增加，工业上市公司面临的环境规制遵从压力增大，此时公司会产生更加强烈的技术创新激励，从而更有动力扩大技术研发投资行为来取得创新补偿效应，从长期消化这种负面影响，甚至在国内或国际市场产生先动优势，这与蒋为（2015）的研究结论是一致的。

表 5-7 环境规制对企业技术研发投资的影响效应

变量 \ 模型	(1)	(2)	(3)	(4)	(5)
环境规制（ER）	1.872**	1.734*			
	(1.98)	(1.77)			
经济型环境规制（ER_1）			1.882***		
			(3.65)		
执法管制型环境规制（ER_2）				-0.494	
				(-0.53)	
立法管制型环境规制（ER_3）					-3.383*
					(-1.84)
现金持有量（cash）		0.003***	0.003***	0.004***	0.004***
		(2.61)	(2.60)	(2.92)	(3.14)
企业规模（size）		-0.721***	-0.891***	-0.494**	-0.497**
		(-2.74)	(-3.31)	(-1.98)	(-2.00)
企业报酬率（ROE）		-0.002	-0.010	-0.019	-0.024
		(-0.07)	(-0.33)	(-0.62)	(-0.80)
资产负债率（alratio）		0.020	0.024	0.009	0.008
		(1.24)	(1.48)	(0.52)	(0.48)
企业年龄（age）		-1.111	-0.839	-0.483	-0.314
		(-1.47)	(-1.06)	(-0.60)	(-0.39)
企业成长机会（growth）		-0.003	-0.007	-0.007	-0.007
		(-0.24)	(-0.69)	(-0.70)	(-0.66)
常数项	10.081***	23.117***	23.599***	19.114***	17.632***
	(6.57)	(5.98)	(5.89)	(4.78)	(4.47)
行业	控制	控制	控制	控制	控制
年份	控制	控制	控制	控制	控制
观测值	6442	6427	6427	6427	6427

注：括号内为估计系数对应的稳健 z 统计量，*、**、*** 分别表示在 10%、5%、1% 的显著性水平下具有统计显著性。

从环境规制异质性的角度进一步考察发现，根据表 5-7 中模型（3）至模型（5）的估计结果，与前文分析结论保持一致，从实证角度考察，经济型环境规制（ER_1）确实产生了最强的创新激励作用，其对工业上市公司技术研发投资比重的影响系数在1%的水平下显著为正，在经济型环境规制强度提高时，工业上市公司倾向于提高技术研发投资的比重。然而，与之不同的是，立法管制型环境规制（ER_3）对公司技术研发投资比重的影响系数在10%的水平下显著为负。这说明在单纯的环境立法下，工业上市公司进行技术创新的动力不足，公司并不愿意扩大回报周期较长且风险较大的技术研发投资。另外，执法管制型环境规制并没有对工业上市公司技术研发投资比重产生显著影响，其影响系数并不具有统计显著性，说明若政府相关部门单纯提高环境执法力度，并不会对工业上市公司的技术创新产生明显的激励和促进作用，此时公司为应付检查可能会选择以末端治理的方式达到政府要求的环境规制目标。

（二）环境规制及其异质性对长期股权投资的影响分析

基于模型（5-4），从外部投资行为角度，本部分考察了环境规制对工业上市公司长期股权投资比重的影响效应，估计结果报告在表5-8中。从表5-8中的模型（1）和模型（2）的估计结果可以看出，无论是否引入企业特征控制变量，环境规制（ER）对工业上市公司长期股权投资比重的影响系数均在5%或1%的水平下显著为正，表明随着环境规制水平的增加，工业上市公司除了扩大技术研发投资外，也会扩大对其他企业的长期股权投资，理论假设3得到验证。在环境规制水平不断提高的大背景下，污染密集度相对较低的企业往往更具发展前景和发展优势，因此，工业上市公司在调整内部生产以达到环境质量标准的同时，也会选择多元化经营的外部投资方式，对更具发展前景的其他企业进行长期股权投资。

根据模型（3）至模型（5）的估计结果，从环境规制的异质性角度进一步考察发现，经济型环境规制（ER_1）和立法管制型环境规制（ER_3）对工业上市公司长期股权投资比重的影响系数分别在5%和10%的水平下显著为正，而执法管制型环境规制（ER_2）的影响系数并不具有统计显著性。这表明经济型环境规制和立法管制型环境规制对公司长期股权投资比重产生了显著的促进作用，而执法管制型环境规制对公司长期股权投资比重并没有产生明显影响。原因可能是，环境执法力度的提高促使工业上市公司没有过多地考虑多元化经营策略，也就是说，单纯增强环境执法可能使得公司疲于应付，无法从公司长期发展的角度出发扩大技术研发投资和长期股权投资行为。然而，经济型环境规制和立法管制型环境规制却与之不同，在这两类环境规制之下，工业上市公司长期股权投资的比重增加较为明显，也就是说，经济型环境规制和立法管制型环境规制有利于长期股权投资这一策略性行为的使用。特别是在立法管制型环境规制水平增加时，虽然公司面临的约束相对较低，工业上市公司进行技术研发的激励相对不足，但还是会在较大程度上促进长期股权投资比重的增加。这是由于立法管制型环境规制对公司生产经营带来的不确定性最大，在如此高的不确定性下，工业上市公司选择以扩大长期股权投资的方式进行多元化经营不仅可以在一定程度上降低这种不确定性的影响，而且可以分散经营风险。

表 5-8　环境规制对企业长期股权投资的影响效应

变量＼模型	(1)	(2)	(3)	(4)	(5)
环境规制（ER）	3.129***	2.613**			
	(2.65)	(1.99)			
经济型环境规制（ER_1）			0.996**		
			(2.22)		
执法管制型环境规制（ER_2）				−1.487	
				(−1.16)	
立法管制型环境规制（ER_3）					4.577*
					(1.78)
现金持有量（cash）		−0.001	−0.001	−0.000	−0.001
		(−0.88)	(−0.55)	(−0.29)	(−0.95)
企业规模（size）		1.227***	0.977***	1.368***	1.410***
		(4.04)	(3.24)	(4.70)	(4.80)
企业报酬率（ROE）		0.039	0.046	0.026	0.044
		(1.21)	(1.45)	(0.79)	(1.29)
资产负债率（alratio）		−0.097***	−0.086***	−0.092***	−0.101***
		(−5.80)	(−5.11)	(−5.18)	(−6.02)

续表

变量 \ 模型	(1)	(2)	(3)	(4)	(5)
企业年龄（age）		3.362***	2.800***	2.964***	3.000***
		(3.38)	(2.83)	(2.95)	(2.97)
企业成长机会（growth）		-0.025**	-0.023**	-0.024**	-0.025**
		(-2.35)	(-2.13)	(-2.25)	(-2.30)
常数项	1.552	-23.084***	-14.336***	-22.038***	-21.791***
	(1.35)	(-4.96)	(-2.98)	(-4.62)	(-4.57)
行业	控制	控制	控制	控制	控制
年份	控制	控制	控制	控制	控制
观测值	6442	6427	6427	6427	6427

注：括号内为估计系数对应的稳健 z 统计量，*、**、*** 分别表示在 10%、5%、1%的显著性水平下具有统计显著性。

第四节　本章小结

本章仍基于中国 A 股工业上市公司 2007~2015 年的样本数据，进一步实证考察了环境规制影响企业投资方向结构的总效应及其差异性，并试图探讨环境规制是否有利于促使企业采取积极的策略。

首先，本章对环境规制影响企业投资方向结构的总效应进行了实证检验。结果认为，无论是否控制内生性问题，环境规制水平的提高对工业上市公司的外部投资行为均起到了显著的促进作用。这表明在环境规制强度增加时，公司会更加偏爱对环境规制敏感度相对较低的外部投资方式，而非通过内部投资方式对自身生产经营进行改造提升。这一结果具有两面性：一方面它会促使对环境规制较为敏感、污染排放相对较高的生产项目相对收缩，从而有利于整个产业结构清洁化发展程度提高；另一方面从长期来讲，它可能不利于实体经济整体发展水平的提升，特别是在企业的外部投资中金融资产投资占较大比重时。

其次，本章分别从环境规制、行业以及企业规模异质性的角度对可能存在的影响差异性进行了实证检验。第一，从环境规制的异质性角度，结果显示，立法管制型环境规制和经济型环境规制虽然都促进了工业上市公司的外部投资比重增加，但相对而言，立法管制型环境规制的促进作用更大。而且，执法管制型环境规制对样本期内工业上市公司的外部投资产生了显著的抑制效果。第二，从行业异质性角度，结果显示，环境规制对较高污染密集度行业中的上市公司的外部投资比重的促进作用更明显。第三，从企业规模异质性角度，结果显示，由于大型上市公司对现有生产有较强的路径依赖且"船大掉头难"，因此，环境规制对大型公司外部投资比重的促进作用并不显著。

最后，为探究环境规制是否有利于促使企业采取积极的策略，本章还就环境规制及其异质性对企业技术研发投资和长期股权投资比重的影响效应进行了实证研究。结果显示，综合环境规制不仅促进了工业上市公司技术研发投资比重的提高，还促进了长期股权投资比重的提高，表明工业上市公司群体会采取积极策略应对政府的环境规制政策。其中，经济型环境规制的作用非常突出，其对技术研发投资和长期股权投资比重的促进作用均较为明显。

第六章　研究结论与政策建议

从投资规模和投资结构角度，前文就环境规制的企业投资行为效应从理论和实证两方面进行了全面、系统的分析。本章则旨在对前面的主要研究结论进行总结，并为中国现行的环境规制政策优化以及改善环境规制的经济效应提出一些可供参考的政策建议。另外，本章还对下一步可能的研究进行展望。

第一节　研究结论

基于中国各地区间环境规制水平存在较大差异的现状，本书在对企业投资理论进行梳理的基础上，将环境规制与企业投资行为选择共同纳入一个分析框架中，以中国工业上市公司为研究对象，对环境规制的企业投资规模效应和投资方向结构效应进行深入探析。得到的研究结论主要集中在以下几个方面：

一、环境规制的企业投资规模效应与方向结构效应并存

从理论机理来看，环境规制可以通过成本效应、创新补偿效应、区位选择效应、市场势力效应、不确定性效应和利益相关方效应等对企业投资规模产生影响，不过其综合效应尚不确定，取决于创新补偿效应、区位选择效应、市场势力效应、不确定性效应和利益相关方效应的积极影响是否能够充分发挥，以抵消成本效应的负面影响。环境规制还会对企业投资方向结构产生影响，在环境规制水平提高时，企业现有生产项目的遵从成本增加，加之环境规制带来的较多不确定

因素，此时企业会更倾向于关闭或收缩现有高污染生产项目，将资金投向具有更大收入和替代效应的金融资产投资和长期股权投资项目，进而表现出较为明显的投资外部化偏向。

从基于中国工业上市公司经验数据的实证检验结果来看，环境规制促进了工业上市公司投资规模的扩大，中介效应方法的检验结果显示，市场势力效应发挥了重要作用。环境规制促进了工业上市公司的外部投资行为，随着环境规制强度的提高，工业上市公司的外部投资比重有所增加，而且，作为中国优秀企业的代表性群体，工业上市公司采用了较为积极的策略选择，环境规制促进了工业上市公司基于技术创新的技术研发投资行为和基于多元化经营策略的长期股权投资行为。

由此可见，环境规制的企业投资规模效应与方向结构效应并存，总结如表6-1所示。

表6-1　环境规制的企业投资规模与方向结构效应总结

研究角度	衡量指标	影响效应	中介效应
投资规模	总投资率	促进	市场势力效应
投资方向结构	外部投资比重	促进	—
	技术研发投资比重	促进	
	长期股权投资比重	促进	

二、基于环境规制工具差异的企业投资行为选择各异

在环境规制的异质性方面，首先，在立法管制型环境规制之下，由于影响滞后、企业等待观望态度以及环境书面法律"非完全执行"等因素的存在，导致这一类型的环境规制对企业产生的约束力相对较弱，进而使得企业投资行为受遵从成本的负面影响较少，企业投资规模的扩大最为显著。但是，也正是由于企业所面临的较弱约束力和较大不确定性，在立法管制型环境规制之下，企业进行污染治理投资、技术研发投资以及扩大企业规模的固定资产投资意愿也将大幅降低，导致企业投资方向结构的外部化偏向显现。中国工业上市公司经验数据的实

证检验结果也支持了这些结论，在立法管制型环境规制下，工业上市公司技术研发投资的积极性受到抑制。不过，立法管制型环境规制能够促使工业上市公司进行多元化经营的长期股权投资。

其次，在执法管制型环境规制强度增加时，由于违排、偷排被发现的概率加大，惩罚力度也大大增加，因此企业会选择严格遵从环境规制进行污染治理投资，进而使企业总投资规模仍有较大幅度的提高，外部投资比重也受到了显著的抑制。从实证检验结果来看，执法型环境规制并没有促使工业上市公司采取积极策略应对，其对技术研发投资和长期股权投资行为均没有显著影响。

再次，经济型环境规制相对于立法管制型环境规则和执法管制型环境规制而言，其规制力度和手段都相对温和，此时企业能够将环境要素作为非生产性投入纳入生产决策中，其投入成本也更为明确，因此经济型环境规制对企业投资规模的扩张产生了一定的促进作用。而且，在这种环境规制之下，企业的策略选择更为灵活。经济型环境规制不仅能够促使工业上市公司扩大技术研发投资比重，还能够促使其提高长期股权投资比重。经济型环境规制更加有利于公司采取积极的策略行为以实现生产经营能力和竞争实力的提高。

最后，环境规制工具的差异造成企业的投资行为选择各异，不同环境规制工具的企业投资行为效应差异总结见表6-2。

表6-2 不同环境规制工具的企业投资行为效应差异总结

环境规制异质性	研究角度	影响效应
立法管制型环境规制	投资规模（总投资率）	促进（最大）
	投资方向结构（外部投资比重）	促进（较大）
	投资方向结构（技术研发投资比重）	抑制
	投资方向结构（长期股权投资比重）	促进（较大）
执法管制型环境规制	投资规模（总投资率）	促进（居中）
	投资方向结构（外部投资比重）	抑制
	投资方向结构（技术研发投资比重）	不显著
	投资方向结构（长期股权投资比重）	不显著

续表

环境规制异质性	研究角度	影响效应
经济型环境规制	投资规模（总投资率）	促进（最小）
	投资方向结构（外部投资比重）	促进（较小）
	投资方向结构（技术研发投资比重）	促进
	投资方向结构（长期股权投资比重）	促进（较小）

三、环境规制对中国产业结构优化的倒逼效应初步显现

从行业的异质性角度来看，污染密集型行业中的企业与清洁型行业中的企业在成本效应、创新补偿效应以及信号传递导致的融资效应等方面存在差异。二者比较来看，污染密集型行业中企业的成本压力、创新补偿效应实现难度、融资难度均相对更大，因此在环境规制水平高的地区，污染密集型行业中企业的总投资率会受到一定抑制。不过，对于污染密集型行业中的企业而言，在较强的环境规制压力下，为了生存与发展，一方面可能会选择加大污染治理甚至技术研发类的内部投资，另一方面可能会选择对受环境规制影响较小的金融资产投资和其他清洁型企业进行长期股权投资。而且相对而言，后一种投资选择实施起来会更加容易。因此，从投资结构来看，在环境规制水平高的地区，较高污染密集度行业中企业的外部投资比重会有所提高。环境规制在一定程度上确实可以倒逼中国产业结构优化升级，实现清洁化发展。在不同污染密集度行业中，环境规制的企业投资行为效应差异总结如表6-3所示。

表6-3 不同污染密集度行业中环境规制的企业投资行为效应差异总结

研究角度	衡量指标	影响效应
投资规模	总投资率	抑制（交互项系数为负）
投资方向结构	外部投资比重	促进（交互项系数为正）

四、环境规制的企业投资行为效应显示出基于企业规模的明显差异

在企业规模的异质性方面，从理论机理来看，一方面，由于大型企业与中小

企业在环境相关的法律规定、规制执行、违规损失等方面的非对称性，大型企业面临的环境规制遵从成本压力更大，进而会对其投资规模的扩大产生一定抑制作用；另一方面，大型企业又具有单位遵从成本以及创新补偿效应方面的优势，这对环境规制之下大型企业投资规模的扩大又会产生一定的促进作用。也就是说，从理论上讲，环境规制对不同规模企业的投资规模的影响差异尚不确定。不过，基于中国工业上市公司的实证检验结果表明，在样本期内，环境规制对不同规模工业上市公司的投资规模和方向结构确实产生了不同的影响效应，环境规制对大型工业上市公司投资规模和外部投资比重的促进作用并不显著，而对中小工业上市公司投资规模和外部投资比重产生了显著的促进作用。这是由于中小企业受到的环境约束相对较低，且经营更加灵活。所以相比于大型企业，中小企业进行的污染治理和技术研发类投资比例较低，对环境规制敏感度较低的金融资产投资和长期股权投资的比例则较高。因此，环境规制对中小企业的总投资和外部投资行为均产生了更大的促进作用。由此可见，由于企业规模的异质性，环境规制的企业投资行为效应显示出明显差异，其效应总结见表6-4。

表6-4　环境规制对不同产权性质和规模的企业投资行为影响效应差异总结

研究角度	衡量指标	企业规模异质性及效应差异	
投资规模	总投资率	大型企业	不显著
		中小企业	促进
投资方向结构	外部投资比重	大型企业	不显著
		中小企业	促进

第二节　政策建议

从前文研究中可以看出，虽然政府相关部门对企业实施环境规制的目的是调节其经济活动，以降低环境污染的负外部性，实现环境和经济的协调发展。但是，在各地方政府的环境规制政策之下，企业更可能倾向于从自身利益最大化出发，采取一定的策略性行为进行消极应对。因此，为了更好地发挥环境规制政策的作用，刺激企业选择积极的投资行为，本书提出如下政策建议：

一、完善环境规制政策及工具的选择与运用

第一，前文的研究结果表明，总的来看，环境规制强度的提高虽然有利于企业扩大投资规模，但是却促进了外部投资比重的增加，致使企业投资行为呈现外部化偏向。很显然，内部投资对企业未来发展有着至关重要的作用。因此，在现阶段，各地区盲目提高环境规制强度是不合理的，要及时考察环境规制的实施效果，并针对实施效果对环境规制政策进行修订和完善。目前，各地方政府在环境规制政策的修订和完善中，应重点关注如何优化企业投资结构，如何促使企业采取有利于长远发展的积极性策略。此外，未来环境规制政策的修订和完善也应遵循较为透明的办法，以稳定公众和企业的政策预期，努力降低其给企业投资决策和投资行为选择带来的不确定性影响。

第二，本书的研究还表明，不同环境规制工具的经济效应，特别是企业投资行为效应是不一样的。因此，应注重各种环境规制工具的选择与运用：

首先，从立法管制型环境规制和执法管制型环境规制的选择与运用来看，包群等（2013）曾指出，地方环保立法未能有效地改善环境质量。本书的研究也发现立法管制型环境规制存在一定的"非完全执行"问题，而且一味地提高环保执法力度虽然能够促使企业扩大总投资规模，抑制企业的外部投资偏向，但并不利于企业采取积极的策略行为，如技术创新和多元化经营等。所以，在国内建立日益成熟的法治社会的大背景下，当地方政府试图采取立法管制型环境规制工具对企业的经济活动进行调节时，仅仅依靠地方性环境法规和行政规章的书面文本是远远不够的，还需要环境执法部门严格按照书面法规和行政规章进行执法监管。但需要强调的是，针对中国目前环境执法部门的执法现状，为提高环境执法的有效性，一方面，需要大力提高相关部门的行政能力，并规范执法程序，降低环境执法过程中的过多人为因素；另一方面，需要完善企业环境信息披露制度，并加强公众监督，使得环境执法部门能够以较低的成本取得企业的真实环境信息，降低信息不对称程度，提高执法效率。

其次，比较来看，经济型环境规制工具的激励效应最大，能够给予企业一定的灵活性，对外部投资行为的促进作用最小，且能够促使企业扩大技术研发投资和多元化经营的长期股权投资行为。因此，从长期来看，还应将立法管制型环境规制与执法管制型环境规制与经济型环境规制较好地进行搭配使用，要更加重视经济手段在污染物减排和环境保护方面的重要作用。也就是说，各地方政府应借助于经济手段，大力推行绿色新政，鼓励环保类绿色投资，从长远发展的角度促进企业实现清洁型生产技术进步和清洁化生产，并以此作为新动力推动地方经济增长和可持续发展。

二、制定源于企业异质性的差异化环境规制内容

在前文的分析中发现，环境规制对不同规模的企业投资行为的影响也会有所不同。因此，为充分发挥环境规制在降低污染负外部性方面的正向作用，并减少其负向经济效应，特别是其对企业投资行为的负面影响，应针对企业的异质性制定差异化的环境规制内容，实施差异性的环境规制强度。

从企业规模的异质性角度，大型企业与中小企业在环境法规、环境执法、违规损失、单位遵从成本方面均存在着非对称性，中小企业面临的实际环境规制遵从压力相对较小，因此导致环境规制对中小企业投资规模以及外部投资行为的促进作用均更为显著。鉴于此，各地区在未来的环境规制设计中，应适当加强对中小企业的环境规制，合理引导其投资方向，使其对环保问题更加重视，从长远发展的角度合理配置企业资金，在降低企业污染排放的同时，应提高生产经营能力和竞争实力。例如，在集中人力、物力、财力对大型企业进行环保监督检查的同时，要定期或不定期地对中小企业进行环保检查，加大对中小企业的环境执法力度，进而促使其更快提升清洁化生产水平。考虑到中小企业在规模、技术、资金、管理等方面存在的约束，为支持其扩大环保类投资以及有利于企业发展的内部投资行为，政府相关部门可向中小企业提供信息服务、技术服务、培训服务，并设立针对清洁型技术引进和研发以及生产设备改造升级的专项基金等。

三、发挥环境规制的倒逼效应促进产业结构优化

前文的机理分析和实证检验结果均显示，对于不同污染密集度行业中的企业而言，环境规制对其投资行为产生的影响呈现出一定的差异性，环境规制水平的提高，抑制了高污染行业中企业的总投资率，但促进了其外部投资比重的增加。这表明环境规制可以在一定程度上使高污染行业生产相对收缩，同时促使其扩大污染治理和（或）技术研发投资以及更加清洁化的金融资产投资和长期股权投资行为。因此，未来应充分发挥环境规制的这种倒逼效应，将环境规制作为重要抓手进一步促进中国产业结构的优化，建立长效机制不断提升清洁化发展水平，加快实现环境保护与产业结构优化的双赢。

首先，对于污染密集度较高的行业，可考虑适当提高其环境规制水平，并完善企业兼并重组和退出机制，这样不仅能够使高耗能、高排放的落后产能尽早淘汰，也能够促使存活下来的企业进一步加强技术研发，或者转向多元化经营，从而使产业结构尽早实现清洁化。但是，需要注意的是，各地区不能盲目提高环境规制水平，应综合考虑企业的承受能力。如果忽视了企业的承受能力使得大量高污染企业直接淘汰的话，会给地方经济发展造成突然打击，不仅实体经济萎靡不振，还可能带来一系列社会问题，这样地区产业结构的调整和优化也将无法深入。

其次，为实现产业结构的进一步优化，还应大力促进环保产业和服务的发展。习近平总书记在党的十九大报告中指出，"发展必须是科学发展，必须坚定不移贯彻创新、协调、绿色、开放、共享的发展理念"，"绿水青山就是金山银山"。作为战略性新兴产业之一，环保产业能够为中国保护生态环境、发展循环经济、实现产业结构调整与优化提供技术保障和相关服务。因此，为促进环保产业的快速发展，一方面，政府环保部门可出台相应的环境经济政策，借助于各种手段，如环保补贴、国债、贷款贴息、政府购买等；另一方面，环保企业自身也要努力创新发展，不仅要不断提高技术研发强度，特别是在关键和核心技术研发方面，而且要大力促进环保产业服务化发展。

四、引导企业和公众提高环保意识

在前文的分析中曾指出，单纯依靠立法管制型环境规制可能会产生"非完全执行"问题，往往无法达到较好的环境规制效果，这与中国的企业和公众较为薄弱的环保意识以及环保社会责任不无关系。因此，为更好地发挥环境规制的作用，实现环境保护与经济发展的双赢，需要从根本上引导企业和公众提高环保意识。

首先，从企业角度来看，保护环境是企业的重要社会责任。为提高企业的环境责任意识，政府部门既要加大正面宣传和培训力度，将较好履行环境责任的企业树立为企业榜样，并给予政策优惠，也要及时将违背环保责任的企业或项目曝光，并加大处罚力度，从而使企业从决策层到员工都能树立环境责任意识，形成自觉履行环境责任的企业文化。其中，企业管理层的环境责任意识起着不可忽视的作用。企业决策层环境责任意识的提升，可以促使企业将承担环境责任纳入企业的可持续发展战略，在环境规制之下采取积极的策略加以应对，如加强技术创新，转向多元化生产经营等，在进行投资决策时更加关注企业的长远发展。

其次，从公众角度，一是要提高公众的环保意识，加强环保、健康生活等概念的宣传，促使其自觉保护环境，减少环境污染行为。同时，要积极鼓励、引导公众参与环境监督，赋予他们向环保部门提出批评、建议以及检举企业违法行为的权利。二是要培养公众的绿色消费理念，促使普通公众作为消费者更加偏爱清洁型产品和服务。这样企业通过以环境友好为特征将产品差异化，取得产品差异化收益。这种收益的保障能够进一步激励企业在环境规制之下采取积极的投资行为，加大清洁型生产技术、产品创新，最终促使环境保护与经济的协调发展。此外，中国应规范和完善产品的环保标签、绿色信息披露等，以减少企业与消费者之间的信息不对称。

第三节　研究展望

本书基于宏微观经济学、环境经济学、规制经济学、公司金融学中的相关理论，从企业投资行为选择的角度，系统考察了环境规制经济效应的微观作用机理，构建了环境规制影响企业投资行为的机理模型，并利用中国 A 股工业上市公司的数据进行了实证检验。但是，由于水平和精力的限制，本书仍存在以下问题有待进一步深入研究：

第一，环境规制工具的使用是在不断完善和发展的，从最初的命令与控制型（管制型）环境规制工具到经济型（激励型）环境规制工具，均为正式环境规制，其中体现了较强的政府意志。近年来，自愿型环境规制的兴起，包括行业协会、非政府组织在内的社会团体以及公众通过与排污企业进行协商或谈判以实现环境保护的做法，即非正式环境规制的影响力日益增大。然而，受统计数据的限制，本书所设计的环境规制指标局限在正式环境规制范围内。因此，关于非正式环境规制的经济效应有待在以后的研究中予以进一步考察。

第二，尽管本书基于环境规制、企业投资、信息不对称等理论构建了环境规制影响企业投资行为的机理模型，采用归纳与演绎方法尽可能较为清楚地刻画其中的效应传导，丰富从企业投资行为选择角度对环境规制经济效应的理论研究。但是，本书没有建立相应的数理分析模型，从而更加严谨地诠释环境规制的企业投资行为效应，这将成为本书后续研究的一大重点。

第三，环境规制下企业最优投资策略选择有待进一步深入。本书主要从结果角度考察了环境规制的企业投资行为效应。实际上，环境规制之下企业最优投资行为的选择及投资规模和结构效应受到企业之间以及政府与企业之间互动关系及其策略性行为的影响。因此，在未来的研究中，可借助博弈论的理论和方法构建涵盖这种策略性行为的模型，深入考察政府环境规制政策与企业投资行为选择之间的互动过程和模式，探究环境规制之下企业的最优投资策略选择。

第四，如前文所述，受样本范围的限制，本书的实证检验结论可能仅限于中国 A 股工业上市公司。实际上，其他非上市工业企业的投资行为选择及其结果也会受到环境规制的影响，甚至可能是不同的影响。因此，在未来研究中，需进一步拓展研究范围，针对非上市工业企业考察环境规制的投资行为效应，将研究结论由特殊性扩展至一般性，从而使本书的研究结论得到更为充足、更加全面的支撑，这是本书努力的另一个重要方向。

参考文献

［1］ Abel A. Investment and the Value of Capital ［M］. New York: Garland Publishing, 1979.

［2］ Almeida H, Campello M. Financial Constraints, Asset Tangibility, and Corporate Investment ［J］. The Review of Financial Studies, 2007, 20 (5): 1429-1460.

［3］ Alpay S. Can Environmental Regulations Be Compatible with Higher International Competitiveness? Some New Theoretical Insights ［J］. Social Science Electronic Publishing, 2001.

［4］ Ambec S, Barla P. A Theoretical Foundation of the Porter Hypothesis ［J］. Economics Letters, 2002, 75 (3): 355-360.

［5］ André F J, González P, Porteiro N, et al. Strategic Quality Competition and the Porter Hypothesis ［J］. Journal of Environmental Economics and Management, 2009, 57 (2): 182-194.

［6］ Antweiler W, Copeland B R, Taylor M S. Is Free Trade Good for the Environment? ［J］. American Economic Review, 2001, 91 (4): 877-908.

［7］ Aragón-Correa J A, Sharma S. A Contingent Resource-Based View of Proactive Corporate Environmental Strategy ［J］. Academy of Management Review, 2003, 28 (1): 71-88.

［8］ Arrow K J, Kurz M. Optimal Growth with Irreversible Investment in a Ramsey Model ［J］. Econometrica, 1970, 38 (2): 331-344.

［9］ Baumol W J, Oates W E. The Theory of Environmental Policy ［M］. Cambridge: Cambridge University Press, 1988.

［10］ Becker R A, Pasurka C, Shadbegian R J. Do Environmental Regulations Disproportionately Affect Small Businesses? Evidence from the Pollution Abatement Costs and Expenditures Survey ［J］. Journal of Environmental Economics and Management, 2013, 66 (3): 523-538.

［11］ Becker R A. Air Pollution Abatement Costs under the Clean Air Act: Evidence from the PACE Survey ［J］. Journal of Environmental Economics and Management, 2005, 50 (1): 144-169.

［12］ Bergh D D, Lawless M W. Portfolio Restructuring and Limits to Hierarchical Governance: The Effects of Environmental Uncertainty and Diversification Strategy ［J］. Organization Science, 1998, 9 (1): 87-102.

［13］ Berman E, Bui L T. M. Environmental Regulation and Productivity: Evidence from Oil Refineries ［J］. The Review of Economics and Statistics, 2001, 83 (3): 498-510.

［14］ Biddle G C, Hilary G, Verdi R S. How does Financial Reporting Quality Relate to Investment Efficiency? ［J］. Journal of Accounting and Economics, 2009, 48 (2): 112-131.

［15］ Blyth W, Bradley R, Bunn D, et al. Investment Risks under Uncertain Climate Change Policy ［J］. Energy Policy, 2007, 35 (11): 5766-5773.

［16］ Borsatto J, Amui L. Green Innovation: Unfolding the Relation with Environmental Regulations and Competitiveness ［J］. Resources Conservation and Recycling, 2019, 149 (4): 445-454.

［17］ Brock W A, Evans D S. The Economics of Regulatory Tiering ［J］. Rand Journal of Economics, 1985, 16 (3): 398-409.

［18］ Broner F, Bustos P. Sources of Comparative Advantage in Polluting Industries ［J］. NBER Working Paper, 2012.

［19］ Brunnermeier S B, Cohen M A. Determinants of Environmental Innovation in US Manufacturing Industries [J] . Journal of Environmental Economics and Management, 2003, 45 (2): 278-293.

[20] Böcher M. A Theoretical Framework for Explaining the Choice of Instruments in Environmental Policy [J] . Forest Policy and Economics, 2012, 16 (2): 14-22.

[21] Chang M C. Environmental Regulation, Technology Innovation, and Profit: A Perspective of Production Cost Function [J] . Theoretical Economics Letters, 2013, 3 (6): 297-301.

[22] Chen Y, Tseng C L. Inducing Clean Technology in the Electricity Sector: Tradable Permits or Carbon Tax Policies? [J] . The Energy Journal, 2011, 32 (3): 169-174.

[23] Cheung Y W, Pascual A G. Market Structure, Technology Spillovers, and Persistence in Productivity Differentials [J] . International Journal of Applied Economics, 2004, 1 (1): 1-23.

[24] Chung S. Environmental Regulation and Foreign Direct Investment: Evidence from South Korea [J] . Journal of Development Economics, 2014.

[25] Cohen L, Coval J, Malloy C. Do Powerful Politicians Cause Corporate Downsizing? [J] . Journal of Political Economy, 2011, 119 (6): 1015-1060.

[26] Cole M A, Elliott R J R, Fredriksson P G. Endogenous Pollution Havens: Does FDI Influence Environmental Regulations? [J] . The Scandinavian Journal of Economics, 2006, 108 (1): 157-178.

[27] Cole M A, Elliott R J R. Determining the Trade-Environment Composition Effect: The Role of Capital, Labor and Environmental Regulations [J] . Journal of Environmental Economics and Management, 2003, 46 (3): 363-383.

[28] Cole M A, Elliott R J R. FDI and the Capital Intensity of "Dirty" Sectors: A Missing Piece of the Pollution Haven Puzzle [J] . Review of Development Economics, 2005, 9 (4): 530-548.

[29] Cole M A, Elliott R J. Do Environmental Regulations Cost Jobs? An Industry-Level Analysis of the UK [J] . The B. E. Journal of Economic Analysis & Policy,

2007, 7 (1): 1-27.

[30] Copeland B R, Taylor M S. North – South Trade and the Environment [J]. The Quarterly Journal of Economics, 1994, 109 (3): 755-787.

[31] Costantini V, Crespi F. Environmental Regulation and the Export Dynamics of Energy Technologies [J]. Ecological Economics, 2008, 66 (2): 447-460.

[32] Damania R. Political Competition, Rent Seeking and the Choice of Environmental Policy Instruments [J]. Environmental and Resource Economics, 1999, 13 (4): 415-433.

[33] Daugbjerg C, Smed S, Andersen L M, et al. Improving Eco-labeling as an Environmental Policy Instrument: Knowledge, Trust and Organic Consumption [J]. Journal of Environmental Policy & Planning, 2014, 16 (4): 559-575.

[34] D' Espallier B, Vandemaele S, Peeters L. Corporate Investments and Financing Constraints: Analyzing Firm – varying Investment – cash Flow Sensitivities [J]. Review of Business & Economics, 2009, 54 (4): 461-488.

[35] Dean J M, Lovely M E, Wang H. Are Foreign Investors Attracted to Weak Environmental Regulations? Evaluating the Evidence from China [J]. Journal of Development Economics, 2005, 90 (1): 1-13.

[36] Doh J P, Pearce J A. Corporate Entrepreneurship and Real Options in Transitional Policy Environments: Theory Development [J]. Journal of Management Studies, 2004, 41 (4): 645-664.

[37] Dyck A, Zingales L. Private Benefits of Control: An International Comparison [J]. The Journal of Finance, 2004, 59 (2): 537-600.

[38] Eisner R, Strotz R H. The Determinants of Business Investment [M]. New Jersey: Prentice-Hall, 1963: 78-86.

[39] Elliott R J R, Shimamoto K. Are ASEAN Countries Havens for Japanese Pollution-Intensive Industry? [J]. The World Economy, 2008, 31 (2): 236-254.

[40] Eskeland G S, Harrison A E. Moving to Greener Pastures? Multinationals and the Pollution Haven Hypothesis [J]. Social Science Electronic Publishing, 2003,

70 (1): 1-23.

[41] Farzin Y H, Zhao J. Pollution Abatement Investment when Firms Lobby Against Environmental Regulation [J]. SSRN Electronic Journal, 2003.

[42] Feichtinger G, Hartl R F, Kort P M, et al. Environmental Policy, the Porter Hypothesis and the Composition of Capital: Effects of Learning and Technological Progress [J]. Journal of Environmental Economics and Management, 2005, 50 (2): 434-446.

[43] Ford J A, Steen J, Verreynne M L. How Environmental Regulations Affect Innovation in the Australian Oil and Gas Industry: Going Beyond the Porter Hypothesis [J]. Journal of Cleaner Production, 2014, 84 (1): 204-213.

[44] Friedman J, Gerlowski D A, Silberman J. What Attracts Foreign Multinational Corporations? Evidence from Branch Plant Location in the United States [J]. Journal of Regional Science, 1992, 32 (4): 403-418.

[45] Friesen L. Targeting Enforcement to Improve Compliance with Environmental Regulations [J]. Journal of Environmental Economics and Management, 2003, 46 (1): 72-85.

[46] Gentry R J, Wei S. The Impacts of Performance Relative to Analyst Forecasts and Analyst Coverage on Firm R&D Intensity [J]. Strategic Management Journal, 2013, 34 (1): 121-130.

[47] Gerigk J, Mackenzie I A, Ohndorf M. A Model of Benchmarking Regulation: Revisiting the Efficiency of Environmental Standards [J]. Environmental and Resource Economics, 2014, 62: 59-82.

[48] Ge Y, Hu Y, Ren S. Environmental Regulation and Foreign Direct Investment: Evidence from China's Eleventh and Twelfth Five-Year Plans [J]. Sustainability, 2020, 12 (6): 2528.

[49] Ghosh D, Olsen L. Environmental Uncertainty and Managers' Use of Discretionary Accruals [J]. Accounting Organizations & Society, 2009, 34 (2): 188-205.

[50] Gray W B, Shadbegian R J. Environmental Regulation, Investment Timing

and Technology Choice [J] . NBER Working Paper, 1997, No. 6036.

[51] Greaker M, Hagem C. Strategic Investment in Climate Friendly Technologies: The Impact of Global Emissions Trading [J] . Environmental and Resource Economics, 2014, 59 (1): 65-85.

[52] Greenstone M. The Impacts of Environmental Regulations on Industrial Activity: Evidence from the 1970 and 1977 Clean Air Act Amendments and the Census of Manufactures [J] . Journal of Political Economy, 2002, 110 (6): 1175-1219.

[53] Hamamoto M. Environmental Regulation and the Productivity of Japanese Manufacturing Industries [J] . Resource and Energy Economics, 2006, 28 (4): 299-312.

[54] Hanna R. US Environmental Regulation and FDI: Evidence from a Panel of US-Based Multinational Firms [J] . American Economic Journal: Applied Economics, 2010, 2 (3): 158-189.

[55] Han S R, Li P, Xiang J J, et al. Does the Institutional Environment Influence Corporate Social Responsibility? Consideration of Green Investment of Enterprises-Evidence from China [J] . Environmental Science and Pollution Research, 2022, 24 (2): 1-18.

[56] Harrington W. Enforcement Leverage When Penalties Are Restricted [J] . Journal of Public Economics, 1988, 37 (1): 29-53.

[57] Hayashi F. Tobin's Marginal Q and Average Q: A Neoclassical Interpretation [J] . Econometrica, 1982, 50 (1): 213-224.

[58] Heal G, Tarui N. Investment and Emission Control under Technology and Pollution Externalities [J] . Resource and Energy Economics, 2010, 32 (1): 1-14.

[59] Helland E, Matsuno M. Pollution Abatement as a Barrier to Entry [J] . Journal of Regulatory Economics, 2003, 24 (2): 243-259.

[60] Hirshleifer D, Low A, Teoh S H. Are Overconfident CEOs Better Innovators? [J] . The Journal of Finance, 2012, 67 (4): 1457-1498.

[61] Hoffmann V H, Trautmann T, Hamprecht J. Regulatory Uncertainty: A Reason to Postpone Investments? Not Necessarily [J]. Journal of Management Studies, 2009, 46 (7): 1227-1253.

[62] Hogan C E, Lewis C M. Long-Run Investment Decisions, Operating Performance, and Shareholder Value Creation of Firms Adopting Compensation Plans Based on Economic Profits [J]. Journal of Financial and Quantitative Analysis, 2005, 40 (4): 721-745.

[63] Hultman N E, Pulver S, Guimarães L, et al. Carbon Market Risks and Rewards: Firm Perceptions of CDM Investment Decisions in Brazil and India [J]. Energy Policy, 2012, 40 (4): 90-102.

[64] Jaffe A B, Palmer K. Environmental Regulation and Innovation: A Panel Data Study [J]. Review of Economics and Statistics, 1997, 79 (4): 610-619.

[65] Jaffe A B, Peterson S R, Portney P R, Stavins R N. Environmental Regulation and the Competitiveness of U. S. Manufacturing: What Does the Evidence Tell Us? [J]. Journal of Economic Literature, 1995, 33 (1): 132-163.

[66] Jaffe A B, Stavins R N. Dynamic Incentives of Environmental Regulations: The Effects of Alternative Policy Instruments on Technology Diffusion [J]. Journal of Environmental Economics and Management, 1995, 29 (3): S43-S63.

[67] Jaffee D M, Russell T. Imperfect Information, Uncertainty, and Credit Rationing [J]. The Quarterly Journal of Economics, 1976, 90 (4): 651-666.

[68] Jensen M C, Meckling W H. Theory of the Firm: Managerial Behavior, Agency Costs and Ownership Structure [J]. Journal of Financial Economics, 1976, 3 (4): 305-360.

[69] Jensen M C, Murphy K J. CEO Incentives: It's Not How Much You Pay, But How [J]. Journal of Applied Corporate Finance, 1990, 68 (3): 36-49.

[70] Jeong B. Policy Uncertainty and Long-Run Investment and Output across Countries [J]. International Economic Review, 2002, 43 (2): 363-392.

[71] Jordan A, Wurzel R K W, Zito A. The Rise of "New" Policy Instruments

in Comparative Perspective: Has Governance Eclipsed Government? [J]. Political Studies, 2005, 53 (3): 477-496.

[72] Jordan A, Wurzel R, Zito A. Still the Century of "New" Environmental Policy Instruments? Exploring Patterns of Innovation and Continuity [J]. Environmental Politics, 2013, 22 (1): 155-173.

[73] Jorgenson D W. Capital Theory and Investment Behavior [J]. American Economic Review, 1963, 53 (2): 247-259.

[74] Jug J, Mirza D. Environmental Regulations in Gravity Equations: Evidence from Europe [J]. World Economy, 2005, 28 (11): 1591-1615.

[75] Keller W, Levinson A. Pollution Abatement Costs and Foreign Direct Investment Inflows to U. S. States [J]. The Review of Economics and Statistics, 2002, 84 (4): 691-703.

[76] Kemp R, Smith K, Becher G. How Should We Study the Relationship between Environmental Regulation and Innovation? [J]. Zew Economic Studies, 2000: 43-66.

[77] Keohane N O, Revesz R L, Stavins R N. The Choice of Regulatory Instruments in Environmental Policy [J]. Harvard Environmental Law Review, 1998, 22 (2): 313-367.

[78] Khosroshahi H, Azad N, Jabbarzadeh A, et al. Investigating the Level and Quality of the Information in the Environmental Disclosure Report of a Corporation Considering Government Intervention [J]. International Journal of Production Economics, 2021.

[79] Kneller R, Manderson E. Environmental Regulations and Innovation Activity in UK Manufacturing Industries [J]. Resource and Energy Economics, 2012, 34 (2): 211-235.

[80] Lambert R A, Lanen W N, Larcker D F. Executive Stock Option Plans and Corporate Dividend Policy [J]. Journal of Financial and Quantitative Analysis, 1989, 24 (4): 409-425.

[81] Lange I, Bellas A. Technological Change for Sulfur Dioxide Scrubbers under Market-Based Regulation [J]. Land Economics, 2005, 81 (4): 546-556.

[82] Lanoie P, Laurent-Lucchetti J, Johnstone N, et al. Environmental Policy, Innovation and Performance: New Insights on the Porter Hypothesis [J]. Journal of Economics & Management Strategy, 2011, 20 (3): 803-842.

[83] Leahy J V, Whited T M. The Effect of Uncertainty on Investment: Some Stylized Trends [J]. Journal of Money Credit and Banking, 1996, 28: 64-83.

[84] Leeuwen G V, Mohnen P. Revisiting the Porter Hypothesis: An Empirical Analysis of Green Innovation for the Netherlands [J]. Merit Working Papers, 2013, 67 (2): 295-319.

[85] Leiter A M, Parolini A, Winner H. Environmental Regulation and Investment: Evidence from European Industry Data [J]. Ecological Economics, 2011, 70 (4): 759-770.

[86] Levinson A. Environmental Regulations and Manufacturers'Location Choices: Evidence from the Census of Manufactures [J]. Journal of Public Economics, 1996, 62: 5-29.

[87] Liao X, Shi X. Public Appeal, Environmental Regulation and Green Investment: Evidence from China [J]. Energy Policy, 2018, 119: 554-562.

[88] Lopez J M R, Sakhel A, Busch T. Corporate Investments and Environmental Regulation: The Role of Regulatory Uncertainty, Regulation-induced Uncertainty, and Investment History [J]. European Management Journal, 2017, 35 (1): 91-101.

[89] Lucas R E. Adjustment Costs and Theory of Supply [J]. Journal of Political Economy, 1967, 75 (4): 321-334.

[90] Managi S, Opaluch S J, Jin D, et al. Environmental Regulations and Technological Change in the Offshore Oil and Gas Industry [J]. Land Economics, 2005, 81 (2): 303-319.

[91] Manderson E, Kneller R. Environmental Regulations, Outward FDI and

Heterogeneous Firms: Are Countries Used as Pollution Havens? [J]. Environmental and Resource Economics, 2012, 51 (3): 317-352.

[92] Masayuki M. What Type of Policy Uncertainty Matters for Business? [J]. RIETI Discussion Paper Series, 2013.

[93] Melo J D, Grether J M, Mathys N A. Unravelling the World-Wide Pollution Haven Effect [J]. Cepr Discussion Papers, 2006, 21 (1): 131-162.

[94] Miller D, Breton-Miller I L. Family Governance and Firm Performance: Agency, Stewardship, and Capabilities [J]. Family Business Review, 2006, 19 (1): 73-87.

[95] Millimet D L, Roy J. Three New Empirical Tests of the Pollution Haven Hypothesis When Environmental Regulation is Endogenous [J]. Journal of Applied Econometrics, 2011, 11 (5): 623-645.

[96] Myers S C, Majluf N S. Corporate Financing and Investment Decisions When Firms Have Information that Investors do not Have [J]. General Information, 1984, 13 (2): 187-221.

[97] Myers S C. Determinants of Corporate Borrowing [J]. Journal of Financial Economics, 1977, 5 (77): 147-175.

[98] Narayanan M P. Debt versus Equity under Asymmetric Information [J]. Journal of Financial and Quantitative Analysis, 1988, 23 (1): 39-51.

[99] Nunn N. Relationship Specificity, Incomplete Contracts and the Pattern of Trade [J]. Quarterly Journal of Economics, 2007, 122 (2): 569-600.

[100] Palmer K, Oates W E, Portney P R. Tightening Environmental Standards: The Benefit-Cost or the No-Cost Paradigm? [J]. Journal of Economic Perspectives, 1995, 9 (4): 119-132.

[101] Peress J. Product Market Competition, Insider Trading, and Stock Market Efficiency [J]. Journal of Finance, 2010, 65 (1): 1-43.

[102] Petroni G, Bigliardi B, Galati F. Rethinking the Porter Hypothesis: The Underappreciated Importance of Value Appropriation and Pollution Intensity [J]. Re-

view of Policy Research, 2018.

［103］Pickman A A. The Effect of Environmental Regulation on Environmental Innovation ［J］. Business Strategy and the Environment, 1998, 7 (4): 223-233.

［104］Porter M E, Linde C V D. Toward a New Conception of the Environment-Competitiveness Relationship ［J］. Journal of Economic Perspectives, 1995, 9 (4): 97-118.

［105］Porter M E. Towards a Dynamic Theory of Strategy ［J］. Strategic Management Journal, 1991, 12 (S2): 95-117.

［106］Puzon K. Location Decision of Foreign Direct Investment: The Role of Environmental Policy and Natural Resources ［M］. Social Science Electronic Publishing, 2011.

［107］Rassier D G, Earnhart D. Effects of Environmental Regulation on Actual and Expected Profitability ［J］. Ecological Economics, 2015, 112: 129-140.

［108］Río P D, Morán MÁT, Albiñana F C. Analyzing the Determinants of Environmental Technology Investments: A Panel-data Study of Spanish Industrial Sectors ［J］. Journal of Cleaner Production, 2011, 19 (11): 1170-1179.

［109］Rocha A S, Salomão GM. Environmental Policy Regulation and Corporate Compliance in Evolutionary Game Models with Well-mixed and Structured Populations ［J］. European Journal of Operational Research, 2019, 279 (2): 486-501.

［110］Saltari E, Travaglini G. Optimal Abatement Investment and Environmental Policies under Pollution Uncertainty ［J］. MPRA Paper, 2011a.

［111］Saltari E, Travaglini G. The Effects of Environmental Policies on the Abatement Investment Decisions of a Green Firm ［J］. Resource & Energy Economics, 2011b, 33 (3): 666-685.

［112］Sheng J, Zhou W, Zhu B. The Coordination of Stakeholder Interests in Environmental Regulation: Lessons from China's Environmental Regulation Policies from the Perspective of the Evolutionary Game Theory ［J］. Journal of Cleaner Production, 2020.

[113] Silvia A, Costa H. Policy Uncertainty and Investment in Low – Carbon Technology [J] . Economics Working Papers, 2012.

[114] Smarzynska B K, Wei S J. Pollution Havens and Foreign Direct Investment: Dirty Secret or Popular Myth? [J] . NBER Working Paper, 2001.

[115] Stavropoulos S, Wall R, Xu Y Z. Environmental Regulations and Industrial Competitiveness: Evidence from China [J] . Applied Economics, 2018, 50 (12): 1378–1394.

[116] Stewart R B. Regulation, Innovation, and Administrative Law: A Conceptual Framework [J] . California Law Review, 1981, 69 (5): 1256–1377.

[117] Stoever J, Weche J P. Environmental Regulation and Sustainable Competitiveness: Evaluating the Role of Firm–Level Green Investments in the Context of the Porter Hypothesis [J] . Environmental and Resource Economics, 2018, 70 (2): 429–455.

[118] Taschini L, Chesney M, Wang M. Experimental Comparison between Markets on Dynamic Permit Trading and Investment in Irreversible Abatement with and without Non–Regulated Companies [J] . Journal of Regulatory Economics, 2013, 46 (1): 23–50.

[119] Testa F, Iraldo F, Frey M. The Effect of Environmental Regulation on Firms' Competitive Performance: The Case of the Building & Construction Sector in Some EU Regions [J] . Journal of Environmental Management, 2011, 92 (9): 2136–2144.

[120] Walter I, Ugelow J L. Environmental Policies in Developing Countries [J] . Ambio, 1979, 8 (2–3): 102–109.

[121] Walter J M, Chang Y M. Environmental Policies and Political Feasibility: Eco–labels versus Emission Taxes [J] . Economic Analysis and Policy, 2020.

[122] Wang H, Mamingi N, Laplante B, et al. Incomplete Enforcement of Pollution Regulation: Bargaining Power of Chinese Factories [J] . Environmental and Resource Economics, 2003, 24 (3): 245–262.

［123］Weitzman M L. Prices vs. Quantities［J］. The Review of Economic Studies, 1974, 41（4）: 477-491.

［124］Whitwell G J, Lukas B A, Hill P. Stock Analysts' Assessments of the Shareholder Value of Intangible Assets［J］. Journal of Business Research, 2007, 60（1）: 84-90.

［125］Williams Ⅲ R C. Growing State-Federal Conflicts in Environmental Policy: The Role of Market-Based Regulation［J］. Journal of Public Economics, 2010, 96（11）: 1092-1099.

［126］Xepapadeas A, Zeeuw A D. Environmental Policy and Competitiveness: The Porter Hypothesis and the Composition of Capital［J］. Journal of Environmental Economics and Management, 1999, 37（2）: 165-182.

［127］Xing Y, Kolstad C D. Do Lax Environmental Regulations Attract Foreign Investment?［J］. Environmental & Resource Economics, 2002, 21（1）: 1-22.

［128］Yang B, Burns N D, Backhouse C J. Management of Uncertainty through Postponement［J］. International Journal of Production Research, 2004, 42（6）: 1049-1064.

［129］Yoon H, Heshmati A. Do Environmental Regulations Affect FDI Decisions? The Pollution Haven Hypothesis Revisited［J］. Science and Public Policy, 2021, 48（1）: 122-131.

［130］Yoshikawa H. On the "q" Theory of Investment［J］. The American Economic Review, 1980, 70（4）: 739-743.

［131］巴利·C. 菲尔德, 玛莎·K. 菲尔德. 环境经济学［M］. 原毅军, 陈艳莹, 译. 第五版. 大连: 东北财经大学出版社, 2010.

［132］包群, 邵敏, 杨大利. 环境管制抑制了污染排放吗?［J］. 经济研究, 2013（12）: 42-54.

［133］保罗·A. 萨缪尔森. 萨缪尔森辞典［M］. 陈迅, 白远良, 译. 北京: 京华出版社, 2001.

［134］保罗·萨缪尔森, 威廉·诺德豪斯. 经济学（第18版）［M］. 萧

琛，主译．北京：人民邮电出版社，2008.

[135] 曹春方．政治权力转移与公司投资：中国的逻辑［J］．管理世界，2013（1）：143-157+156+188.

[136] 陈艳艳，罗党论．地方官员更替与企业投资［J］．经济研究，2012（S2）：18-30.

[137] 陈志斌，王诗雨．产品市场竞争对企业现金流风险影响研究——基于行业竞争程度和企业竞争地位的双重考量［J］．中国工业经济，2015（3）：96-108.

[138] 成德宁，韦锦辉．不同类型环境规制影响我国产业竞争力的效应分析［J］．广东财经大学学报，2019，34（3）：26-33.

[139] 程仲鸣．制度环境、金字塔结构与企业投资：来自中国资本市场的经验证据［M］．北京：经济科学出版社，2010.

[140] 初钊鹏，卞晨，刘昌新，等．雾霾污染、规制治理与公众参与的演化仿真研究［J］．中国人口·资源与环境，2019，29（7）：101-111.

[141] 董敏杰，梁泳梅，李钢．环境规制对中国出口竞争力的影响——基于投入产出表的分析［J］．中国工业经济，2011（3）：57-67.

[142] 杜丽虹，朱武祥．股票市场投机：公司资本配置行为与绩效——万科与新黄浦比较［J］．管理世界，2003（8）：109-117.

[143] 杜龙政，赵云辉，陶克涛，等．环境规制、治理转型对绿色竞争力提升的复合效应——基于中国工业的经验证据［J］．经济研究，2019，54（10）：106-120.

[144] 方军雄．所有制、制度环境与信贷资金配置［J］．经济研究，2007（12）：82-92.

[145] 傅京燕，李艳莎．环境规制、要素禀赋与产业国际竞争力的实证研究——基于中国制造业的面板数据［J］．管理世界，2010（10）：87-98+187.

[146] 郭建万，陶锋．集聚经济、环境规制与外商直接投资区位选择——基于新经济地理学视角的分析［J］．产业经济研究，2009（4）：29-37.

[147] 郝颖，李晓欧，刘星．终极控制、资本投向与配置绩效［J］．管理

科学学报，2012，15（3）：83-96.

[148] 郝颖，刘星. 资本投向、利益攫取与挤占效应 [J]. 管理世界，2009（5）：128-144.

[149] 胡国柳，刘向强. 管理者过度自信与企业资本投向的实证研究 [J]. 系统工程，2013（2）：121-126.

[150] 胡宁. 政治联系、管理层权力与国有企业投资决策 [J]. 上海经济研究，2014（12）：105-113+121.

[151] 江珂，卢现祥. 环境规制相对力度变化对 FDI 的影响分析 [J]. 中国人口·资源与环境，2011，21（12）：46-51.

[152] 蒋伏心，王竹君，白俊红. 环境规制对技术创新影响的双重效应——基于江苏制造业动态面板数据的实证研究 [J]. 中国工业经济，2013（7）：44-55.

[153] 蒋为. 环境规制是否影响了中国制造业企业研发创新？——基于微观数据的实证研究 [J]. 财经研究，2015（2）：76-87.

[154] 金碚. 资源环境规制与工业竞争力关系的理论研究 [J]. 中国工业经济，2009（3）：5-17.

[155] 靳庆鲁，孔祥，侯青川. 货币政策、民营企业投资效率与公司期权价值 [J]. 经济研究，2012（5）：96-106.

[156] 康志勇，汤学良，刘馨. 环境规制、企业创新与中国企业出口研究——基于"波特假说"的再检验 [J]. 国际贸易问题，2020（2）：125-141.

[157] 况伟大. 房地产税、市场结构与房价 [J]. 经济理论与经济管理，2012（1）：10-19.

[158] 黎文靖，李耀淘. 产业政策激励了公司投资吗 [J]. 中国工业经济，2014（5）：122-134.

[159] 李斌，彭星，陈柱华. 环境规制、FDI 与中国治污技术创新——基于省际动态面板数据的分析 [J]. 财经研究，2011，37（10）：92-102.

[160] 李秉祥，薛思珊. 基于经理人管理防御的企业投资短视行为分析 [J]. 系统工程理论与实践，2008（11）：55-61.

［161］李国平，张文彬．地方政府环境规制及其波动机理研究——基于最优契约设计视角［J］．中国人口·资源与环境，2014，24（10）：24-31.

［162］李玲，陶锋．中国制造业最优环境规制强度的选择——基于绿色全要素生产率的视角［J］．中国工业经济，2012（5）：70-82.

［163］李梦洁，杜威剑．环境规制与就业的双重红利适用于中国现阶段吗？——基于省际面板数据的经验分析［J］．经济科学，2014（4）：14-26.

［164］李培功，肖珉．CEO 任期与企业资本投资［J］．金融研究，2012（2）：127-141.

［165］李强．环境规制与产业结构调整——基于 Baumol 模型的理论分析与实证研究［J］．经济评论，2013（5）：100-107+146.

［166］李青原，王红建．货币政策、资产可抵押性、现金流与公司投资——来自中国制造业上市公司的经验证据［J］．金融研究，2013（6）：31-45.

［167］李青原，肖泽华．异质性环境规制工具与企业绿色创新激励——来自上市企业绿色专利的证据［J］．经济研究，2020，55（9）：192-208.

［168］李树，陈刚．环境管制与生产率增长——以 APPCL2000 的修订为例［J］．经济研究，2013（1）：17-31.

［169］李眺．环境规制、服务业发展与我国的产业结构调整［J］．经济管理，2013（8）：1-10.

［170］李万福，林斌，宋璐．内部控制在公司投资中的角色：效率促进还是抑制？［J］．管理世界，2011（2）：81-99+188.

［171］李焰，秦义虎，张肖飞．企业产权、管理者背景特征与投资效率［J］．管理世界，2011（1）：135-144.

［172］李勇进，陈文江，常跟应．中国环境政策演变和循环经济发展对实现生态现代化的启示［J］．中国人口·资源与环境，2008，18（5）：12-18.

［173］李真，黄达，刘文波．中国工业部门外商投资的环境规制约束度分析——基于 1995—2011 年数据分析［J］．南开经济研究，2013（5）：21-32.

［174］连军，刘星，连翠珍．民营企业政治联系的背后：扶持之手与掠夺之手——基于资本投资视角的经验研究［J］．财经研究，2011（6）：133-144.

［175］林季红，刘莹．内生的环境规制："污染天堂假说"在中国的再检验［J］．中国人口·资源与环境，2013（1）：13-18.

［176］林钟高，郑军，卜继栓．环境不确定性、多元化经营与资本成本［J］．会计研究，2015（2）：36-43+93.

［177］刘朝，韩先锋，宋文飞．环境规制强度与外商直接投资的互动机制［J］．统计研究，2014，31（5）：32-40.

［178］刘丹鹤．环境规制工具选择及政策启示［J］．北京理工大学学报（社会科学版），2010，12（2）：21-26+86.

［179］刘悦，周默涵．环境规制是否会妨碍企业竞争力：基于异质性企业的理论分析［J］．世界经济，2018，41（4）：150-167.

［180］陆旸．环境规制影响了污染密集型商品的贸易比较优势吗？［J］．经济研究，2009（4）：28-40.

［181］罗知，齐博成．环境规制的产业转移升级效应与银行协同发展效应——来自长江流域水污染治理的证据［J］．经济研究，2021（2）：174-189.

［182］罗知，赵奇伟，严兵．约束机制和激励机制对国有企业长期投资的影响［J］．中国工业经济，2015（10）：69-84.

［183］潘越，戴亦一，吴超鹏，等．社会资本、政治关系与公司投资决策［J］．经济研究，2009（11）：82-94.

［184］彭可茂，席利卿，雷玉桃．中国工业的污染避难所区域效应——基于2002—2012年工业总体与特定产业的测度与验证［J］．中国工业经济，2013（10）：44-56.

［185］申慧慧，于鹏，吴联生．国有股权、环境不确定性与投资效率［J］．经济研究，2012（7）：113-126.

［186］沈能．环境效率、行业异质性与最优规制强度——中国工业行业面板数据的非线性检验［J］．中国工业经济，2012（3）：56-68.

［187］盛丹，王永进．基础设施、融资依赖与地区出口比较优势［J］．金融研究，2012（5）：15-29.

［188］史贝贝，冯晨，康蓉．环境信息披露与外商直接投资结构优化

[J]. 中国工业经济, 2019 (4): 98-116.

[189] 史青. 外商直接投资、环境规制与环境污染——基于政府廉洁度的视角 [J]. 财贸经济, 2013 (1): 93-103.

[190] 宋文飞, 李国平, 韩先锋. 环境规制、贸易自由化与研发创新双环节效率门槛特征——基于我国工业 33 个行业的面板数据分析 [J]. 国际贸易问题, 2014 (2): 65-73.

[191] 宋文飞, 李国平, 韩先锋. 价值链视角下环境规制对 R&D 创新效率的异质门槛效应——基于工业 33 个行业 2004—2011 年的面板数据分析 [J]. 财经研究, 2014, 40 (1): 93-104.

[192] 孙玉霞, 刘燕红. 环境税与污染许可证的比较及污染减排的政策选择 [J]. 财政研究, 2015 (4): 96-99.

[193] 唐国平, 李龙会, 吴德军. 环境管制、行业属性与企业环保投资 [J]. 会计研究, 2013 (6): 83-89+96.

[194] 唐松, 孙铮. 政治关联、高管薪酬与企业未来经营绩效 [J]. 管理世界, 2014 (5): 93-105.

[195] W. 基普. 维斯库斯, 小约瑟夫·E. 哈林顿, 约翰·M. 弗农. 反垄断与管制经济学 [M]. 陈甬军, 覃福晓等, 译. 北京: 中国人民大学出版社, 2010.

[196] 王兵, 肖文伟. 环境规制与中国外商直接投资变化——基于 DEA 多重分解的实证研究 [J]. 金融研究, 2019 (2): 59-77.

[197] 王凤荣, 苗妙. 税收竞争、区域环境与资本跨区流动——基于企业异地并购视角的实证研究 [J]. 经济研究, 2015 (2): 16-30.

[198] 王惠娜. 自愿性环境政策工具在中国情境下能否有效? [J]. 中国人口·资源与环境, 2010, 20 (9): 89-94.

[199] 王杰, 刘斌. 环境规制与企业全要素生产率——基于中国工业企业数据的经验分析 [J]. 中国工业经济, 2014 (3): 44-56.

[200] 王俊豪. 政府管制经济学导论——基本理论及其在政府管制实践中的应用 [M]. 北京: 商务印书馆, 2001.

［201］王书斌，徐盈之．环境规制与雾霾脱钩效应——基于企业投资偏好的视角［J］．中国工业经济，2015（4）：18-30.

［202］王小鲁，樊纲，胡李鹏，等．中国分省份市场化指数报告（2018）［M］．北京：社会科学文献出版社，2019.

［203］王义中，宋敏．宏观经济不确定性、资金需求与公司投资［J］．经济研究，2014（2）：4-17.

［204］王勇，李建民．环境规制强度衡量的主要方法、潜在问题及其修正［J］．财经论丛，2015（5）：98-106.

［205］王云，李延喜，马壮，宋金波．环境行政处罚能以儆效尤吗？——同伴影响视角下环境规制的威慑效应研究［J］．管理科学学报，2020，23（1）：77-95.

［206］吴建祥，李秉祥．经理管理防御对企业资本投向影响的实证研究［J］．统计与信息论坛，2014（11）：65-71.

［207］谢东明．地方监管、垂直监管与企业环保投资——基于上市 A 股重污染企业的实证研究［J］．会计研究，2020（11）：170-186.

［208］徐敏燕，左和平．集聚效应下换进规制与产业竞争力关系研究——基于"波特假说"的再检验［J］．中国工业经济，2013（3）：72-84.

［209］徐明东，陈学彬．中国工业企业投资的资本成本敏感性分析［J］．经济研究，2012（3）：40-52.

［210］徐一民，张志宏．产品市场竞争、政府控制与投资效率［J］．软科学，2010，24（12）：19-23.

［211］许士春．环境管制与企业竞争力——基于"波特假说"的质疑［J］．国际贸易问题，2007（5）：78-83.

［212］许松涛，肖序．环境规制降低了重污染行业的投资效率吗？［J］．公共管理学报，2011，8（3）.

［213］于文超．官员政绩诉求、环境规制与企业生产效率［D］．成都：西南财经大学博士学位论文，2013.

［214］余泳泽，孙鹏博，宣烨．地方政府环境目标约束是否影响了产业转型

升级？[J].经济研究，2020，55（8）：57-72.

[215] 原毅军，刘柳.环境规制与经济增长：基于经济型规制分类的研究[J].经济评论，2013（1）：27-33.

[216] 原毅军，谢荣辉.环境规制的产业结构调整效应研究——基于中国省际面板数据的实证检验[J].中国工业经济，2014（8）：57-69.

[217] 臧传琴，刘岩，王凌.信息不对称条件下政府环境规制政策设计——基于博弈论的视角[J].财经科学，2010（5）：63-69.

[218] 曾爱民，张纯，魏志华.金融危机冲击、财务柔性储备与企业投资行为——来自中国上市公司的经验证据[J].管理世界，2013（4）：107-120.

[219] 曾海舰.房产价值与公司投融资变动——抵押担保渠道效应的中国经验证据[J].管理世界，2012（5）：125-136.

[220] 曾倩，曾先峰，刘津汝.产业结构视角下环境规制工具对环境质量的影响[J].经济经纬，2018，35（6）：94-100.

[221] 张成，陆旸，郭路，等.环境规制强度和生产技术进步[J].经济研究，2011（2）：113-124.

[222] 张红凤，张细松，等.环境规制理论研究[M].北京：北京大学出版社，2012.

[223] 张嫚.环境规制对企业竞争力的影响[J].中国人口·资源与环境，2004，14（4）：126-130.

[224] 张琦，郑瑶，孔东民.地区环境治理压力、高管经历与企业环保投资——一项基于《环境空气质量标准（2012）》的准自然实验[J].经济研究，2019（6）：183-198.

[225] 张中元，赵国庆.FDI、环境规制与技术进步——基于中国省级数据的实证分析[J].数量经济技术经济研究，2012（4）：19-32.

[226] 章琳一，张洪辉.市场竞争与过度投资的关系研究：基于战略性投资视角[J].产业经济研究，2015（2）：58-67.

[227] 赵红.环境规制对企业技术创新影响的实证研究——以中国30个省份大中型工业企业为例[J].软科学，2008，22（6）：121-125.

［228］赵静，郝颖．GDP 竞争动机下的企业资本投向与配置结构研究［J］．科研管理，2013，34（5）：103-110.

［229］赵连阁，钟搏，王学渊．工业污染治理投资的地区就业效应研究［J］．中国工业经济，2014（5）：70-82.

［230］赵细康．环境保护与产业国际竞争力［M］．北京：中国社会科学出版社，2003.

［231］植草益．微观规制经济学［M］．朱绍文，胡欣欣，等，译．北京：中国发展出版社，1992.

［232］钟茂初，李梦洁，杜威剑．环境规制能够倒逼产业结构调整——基于中国省际面板数据的实证检验［J］．中国人口·资源与环境，2015，25（8）：107-115.

［233］朱平芳，张征宇，姜国麟．FDI 与环境规制：基于地方分权视角的实证研究［J］．经济研究，2011（6）：133-145.

［234］朱相平．投资学基础［M］．北京：首都经济贸易大学出版社，2003.